신을 오르는 아이들

산을 오르는 아이들

대한민국 자폐 독립기

남기철 외 지음

아가페북스

고귀한 사명자의 삶과 헌신과 열매

원고를 읽는 내내 눈물이 흘렀습니다. 자폐장애아를 기르는 부모가 참 힘들 거라 생각은 했지만 그 어려움을 너무도 몰랐고, 또 자폐장애아를 둔 부모의 사랑이 어찌 그리도 큰지 그 사랑에 마음이 먹먹해졌기 때문입니다.

하나님께서 주신 사명은 참 다양합니다. 믿어지지 않을 정도로 특별한 것이어서 받아들이기 힘들 때도 있습니다. 한 영혼을 향한 사명일 때 그렇습니다. 주님은 한 영혼이 천하보다 귀하다고 말씀하셨습니다(마 16:26). 자폐장애아를 둔 부모의 경우가 그렇습니다.

이 글을 읽으면서 고귀한 사명자의 삶과 헌신과 열매를 봅니다. 글 하나하나가 큰 감동이었습니다. 자폐장애인을 위한 기업을 세운 것은 더욱 놀라웠습니다. 남기철 집사님이 걸어온 길은 앞으로 이 일을 하게 될 많은 분들에게 소중한 본보기가 될 것입니다. 원고를 다 읽고 눈물을 닦으며 '하나님께서 우리 모두에게 참 아름다운 믿음의 승리를 선물로 주셨구나!' 생각했습니다.

_유기성 (선한목자교회 담임목사)

✛ ✛ ✛ ✛ ✛ ✛ ✛

밀알천사 산행 20주년을 감사하며

밀알천사 스무 돌의 사랑이야기를 책으로 발간한다는 소식을 듣고 참 기뻤습니다. 이때까지 함께해 주신 하나님께 감사드리며, 예수 그리스도를 본받아 섬김을 실천한 밀알천사 남기철 대표님과 자원봉사자들에게 깊은 감사의 마음을 전합니다.

이 책이 눈물과 기도로 천사들을 양육하는 부모님들에게는 위로와 희망이 되고, 천사들을 이해하지 못하던 사람들에게는 새로운 도전과 감동이 되리라 생각합니다. 나도 우리 밀알학교 학생들을 위해 하나님 말씀으로 교육하고 사랑으로 섬기어, 사랑이 넘치는 행복한 학교 건설을 위해 더 열심히 최선을 다해야겠다는 생각이 듭니다. 그동안 애쓰신 밀알천사와 부모님, 짝꿍선생님들을 축복합니다. 하나님의 크신 사랑이 넘쳐흐르기를 기도합니다.

_최병우(밀알학교장)

✦ ✕ ✦ ✕ ✦ ✕ ✦

가슴으로 풀어낸 이야기

지난 2010년도에 출간한 『그래서 사랑하고 그래도 사랑한다』에 이어 이 책에서도 남기철 대표님과 천사들의 가족 그리고 짝꿍들의 땀과 눈물이 고스란히 느껴집니다. 더욱이 이번 책에는 천사 어머니들의 글과 짝꿍들의 소박한 경험까지 들어 있어, 읽는 동안 웃다가 울다가를 반복하며 진한 감동을 느꼈습니다.

사연마다 그것을 쓴 분들의 마음이 느껴집니다. 어제보다는 오늘을, 오늘보다는 내일을 더 소망하며 오늘도 산을 오르고, 아이들의 권리와 행복을 위해서 애쓰는 마음들이 보입니다. 가슴으로 풀어낸 삶의 이야기와 천사들의 꿈 이야기에 많은 분들이 동참하시기를 바라며, 이 책을 권합니다.

_이준우 (강남대학교 사회복지전문대학원 교수)

✛ ✛ ✛ ✛ ✛ ✛ ✛

하나님이 사랑하시는 천사와 짝꿍

밀알천사 청계산 산행 20주년을 예수 그리스도의 이름으로 축하드립니다. 밀알천사의 부모님들과 짝꿍들 그리고 남기철 대표의 이야기는 아픔과 고마움으로 엮은 하늘의 작품입니다.

나도 10년 동안 할렐루야교회의 장애인 교회학교에서 짝꿍교사로 섬기면서 교회 근처 영장산을 함께 오를 때면, 나 자신도 주님 앞에서 장애인임을 깨닫습니다. 네 잎 클로버는 다르게 생겼기 때문에 더 사랑받습니다. 하나님 보시기에 우리 천사들도 분명 매우 존귀한 존재일 것입니다. 하늘에서 상급을 기대하며 힘든 십자가의 길을 한 걸음 한 걸음 걸어가는 천사 부모님과 짝꿍들에게 다시 한번 주님의 이름으로 박수를 보냅니다. 하나님께 모든 영광을 돌립니다.

_김관상(단국대 석좌교수, 전 YTN보도국장)

✦ ✶ ✦ ✦ ✦ ✦

빛나는 산행의 기록

남 대표의 가족을 특별한 눈으로 바라봐야 할 이유가 있습니다. 백두산 천지 트레킹, 히말라야 안나푸르나 트레킹을 함께해서가 아닙니다. 이 가족의 산행에는 사랑, 배려, 신뢰와 감동이 있습니다. 걸음걸음에서 자아를 발견하고, 오름오름마다 서로 존중하고자 함이 있기 때문입니다.

20년이라는 오랜 시간 동안 자폐성 장애를 지닌 천사들과 청계산 산행을 함께한 빛나는 노력과 정성에 감탄이 절로 나옵니다. 산에 사람의 길이 있음을 헤아리고 아들을 비롯한 자폐장애아들을 자연으로 이끈 남 대표를 비롯한 짝꿍들의 사랑 또한 감복할 뿐입니다. 모쪼록 이 산행 이야기가 같은 어려움을 지닌 많은 가족들에게 좋은 길잡이가 되었으면 합니다.

_윤치술(한국트레킹학교장)

강산이 두 번 바뀔 즈음

돌이켜보면 실핏줄처럼 얽혀 있는 수많은 기억의 순간들이 교차합니다. 더는 한 발짝도 갈 수 없는 벼랑 끝이라 여겼던 순간도, 그러나 의외의 곳에 돌아설 곳을 준비해 주심을 깨달으며 눈물 훔쳤던 순간도, 하나하나 소중한 기억으로 떠오릅니다.

밀알천사 산행의 역사를 돌아보면 그야말로 한 편의 드라마 같습니다. 우리 천사들의 이야기가 리얼하게 녹아있는 각본 없는 논픽션 드라마와 닮았습니다. 퍼내도 퍼내도 화수분처럼 에피소드가 끊이지 않는 장편 시리즈물 같기도 합니다. 때로는 무공해 웃음을 선사하는 시트콤도 되었다가, 진한 눈물과 감동을 안겨주는 휴먼드라마가 되기도 합니다.

처음 천사들과 청계산을 오를 때, 우리는 그리 환

영받는 존재가 아니었습니다. 손가락질조차 감수해야 할 때가 있었으니까요. 그러나 강산이 두 번 바뀌는 동안, 우리는 청계산을 오르는 많은 등산객들에게 격려와 응원을 받고 있습니다. 밀알천사 스무 돌, 지난 세월은 그야말로 들숨과 날숨처럼 감사한 날들의 연속이었습니다.

문득 그 이야기를 함께 나누고 싶다는 생각이 들었습니다. 그래서 틈틈이 모아두었던 글과 밀알천사들과 함께해 온 소중한 가족들의 글을 한 데 묶었습니다. 천사들을 모르는 분들과도 공유할 수 있다면 더 없이 반가운 일입니다.

내 나이도 어느새 육십 중반을 향해 가고 있습니다. 체력도 예전만 못하다는 걸 실감합니다. 언제까지 천사들과 산행할 수 있을까 스스로 물어보곤 하지요. 부디 내 세대가 지나가도 밀알천사 산행이 계속되길 간절히 소망해 봅니다. 30돌, 50돌, 100돌까지도 욕심을 내봅니다. 미약하지만 이 책이 야무진 징검다리가 되어 여러분과 천사들을 단단히 이어주면 좋겠습니다.

밀알천사 남기철 대표

Contents

원칙 하나는 확실했습니다.
'눈이 오나 비가 오나 매주 토요일엔 산에 간다!'
그렇게 첫 산행을 시작한 날은 몹시도 무더운 날이었습니다.
가만히 있어도 콧등에 땀방울이 송송 맺히는 날이었는데,
그 더위에 산을 오르느라 족히 땀 한 바가지는
흘렸던 기억이 납니다.

1부 _ 산을 오르는 아이들

왜 우리는 산을 오르나

_ 우리의 수고로 엄마들의 쉼터를

범선이가 서너 살쯤 됐을 때입니다. 범선이 엄마
가 쓴 글이지요.

나는 그 아이가 하품할 때가 제일 예뻤습니다.
졸려서 곧 잘 거니까요.
그러면 내가 좀 쉴 수 있는 거니까요.

잘 때는 예쁘지 않습니다.

일어나면 아파트가 떠나가도록 울 거니까요.
새벽 한두 시에 아이의 입을 틀어막거나
멀리 길거리로 업고 나갑니다.

차라리 그건 나은 겁니다.
자다 일어나 웃기 시작하면 깔깔 웃다가 넘어가는데
웬만큼 말린다고 웃음이 멈추는 게 아니라서
등짝에 피멍이 들도록 때려야 했습니다.
이게 무슨 일입니까?
어미가 자식 웃지 말라고, 서너 살 먹은 것을….

그래서 저는 장애아 엄마들은 다 불쌍합니다.
이런 일을 평생 겪으며 살아야 하니까요.

이 글을 읽으면 아직도 마음이 아픕니다. 눈물
이 납니다. 그 당시 나는 일만 알았습니다. 아이는 당
연히 엄마가 키우는 걸로 생각했죠. 그때의 범선 엄
마 아픔을 조금은 알 듯합니다. 내가 토요일마다 산

에 가는 이유는, 이제야 장애아 엄마들의 아픔을 조금이나마 알기 때문입니다. 우리 엄마들은 쉼이 없습니다. 긴장을 늦출 수 없기 때문입니다. 우리의 작은 수고가 장애아 부모들의 조그마한 쉼터가 되었으면 합니다.

_ 1995년 그 해 여름

범선이의 키가 쑥쑥 자라나던 때입니다. 그 무렵 내 눈길을 끈 신문기사가 하나 있었습니다. 자폐스펙트럼 장애를 가진 아이들에게는 충분한 양의 산소를 공급하고, 두뇌를 자극할 수 있는 등산이나 덤블링 같은 운동이 매우 유익하다는 내용이었습니다.

그 길로 나는 무작정 범선이를 데리고 서울 근교에 있는 산을 찾았습니다. 낯선 산행이지만 부디 아이에게 좋은 영향을 주고, 작은 변화라도 있으면 하는 마음으로 아들의 손을 잡고 산을 올랐습니다. 그러나 우리 둘만으로는 뭔가 허전했습니다. 순간 늘 함께하던 오랜 벗들의 얼굴이 떠올랐고, 나는 곧바로 SOS를 청했지요. 친구의 자폐장애 아들인 범선이가 애처로워 30년 지기들이 함께 산을 오르기 시작했습니다. 순전히 의리 하나로 나서준 고마운 벗들이었습니다.

원칙 하나는 확실했습니다. '눈이 오나 비가 오나 매주 토요일에는 산에 간다!' 그렇게 첫 산행을 시작한 날은 몹시도 무더운 날이었습니다. 가만히 있어도 콧등에 땀방울이 송송 맺히는 날이었는데, 그 더위에 산을 오르느라 족히 땀 한 바가지는 흘렸던 기억이 납니다.

그때가 언제쯤인지 가물가물했는데, 몇몇 사건을 전후해서 그 앞이었는지 뒤였는지 아리송해 당시 사진을 꺼내보며 기억을 반추하고 있었지요. 이리저리 기억의 퍼즐을 꿰고 있는데, 고맙게도 친구 하나가 그때를 또렷이 기억하고 있었습니다.

"내가 리비아 근무를 마치고 귀국한 그 해였잖

아. 한국 오자마자 범선이 데리고 산행을 시작했으니까….”

　친구가 오랜 해외 근무를 마치고 돌아온 해는 1995년이었고, 그 해 여름 우리의 첫 산행이 시작된 것입니다. 밀알천사의 첫 획이 그어지던 역사적인 순간이었습니다. 20년 전 소박한 결기가 뜻 있는 사람들을 모으고, 그렇게 토요일 우리의 산행은 시작되었습니다.

_ 착한 중독 20년째

　‘천사’는 우리와 함께하는 자폐장애인들을 부르는 말입니다. 티 없이 맑은 이 아이들의 눈동자를 한번쯤 마주한 분이라면 꼭 맞는 이름이라는 데 전적으로 동의할 겁니다. 그리고 그 옆에는 ‘짝꿍’이 있습니다. 천사들을 곁에서 지켜주는 든든한 짝꿍들입니다. 한 명 한 명 천사들의 그림자가 되어 산행에 동참하는 자원봉사자들이지요.

"한번 중독되면 빠져나오기가 힘들다니까…."

한 짝꿍이 허허 웃으며 말합니다. 정말로 밀알천사 산행은 중독성이 강한 게 틀림없습니다. 산행에서 돌아오면 일주일 내내 천사들의 해맑은 모습이 눈앞에 어른거려, 토요일이면 저절로 발걸음이 청계산을 향한다고 이구동성으로 외치니까요. 중독은 중독인데 '착한 중독'이라고 할까요.

천사들과 함께한 산행이 어느덧 20년, 갓난아기가 어엿한 성년으로 성장한 길고 긴 시간입니다. 첫 산행을 시작할 때 중학교에 다녔던 범선이도 그새 서른을 훌쩍 넘은 청년이 되었습니다. 내 허리춤에 닿을까 말까 했던 꼬마 천사들도 쑥쑥 자라나, 나보다 머리 하나는 더 큰 훤칠한 훈남들이 되었습니다.

분명 범선이를 위해 시작한 일인데, 산행이 거듭될수록 나 자신에게도 크나큰 도움이 된다는 사실을 알게 되었습니다. 세상의 재미에서 벗어나게 된 계기를 마련해 주었기 때문입니다. 덕분에 주변에서는 나

를 토요일에는 없는 사람 취급한답니다. 감사할 일이
지요.

_ 수저 한 벌 더 놓는 심정으로

"여보, 범선이만 데려가지 말고 다른 아이들도 함
께해요. 차려진 밥상에 수저 한 벌 더 놓는 게 무에
힘든 일이겠어요."

단 한 순간도 눈을 뗄 수 없는 자폐아 자녀를 돌
보는 엄마들의 어려움을 누구보다 잘 아는 아내입
니다. 눈 깜짝할 사이 없어지는 경우가 많고, 주변 사
람들의 시선 때문에 마음 놓고 밖에 내보낼 수도 없
습니다. 그런 엄마들의 마음을 달래주고 작은 휴식을
선물해 주자는 생각에서 시작된 일입니다. 천사들과
산행하는 4~5시간 남짓의 시간이 엄마들에게는 꿈
같은 휴식과 충전의 시간이 될 수 있기 때문입니다.

아내의 제안 이후 기적처럼 인원이 불기 시작했

습니다. 다니던 교회에 큰맘 먹고 공개서신을 띄운 게 기폭제가 되었습니다. 성도들이 동참하면서 자연 스럽게 수가 늘어났고, 이웃 교회와 천주교 신자들도 관심을 보였습니다. 불교 신자와 무신론자도 참여했 습니다. 차츰 지역사회에도 알려지기 시작했고, 잡지 와 방송에서 봤다며 찾아오는 자원봉사들의 발길도 잦아졌습니다.

그렇게 해서 밀알천사라는 작은 단체로 모양을 갖추게 되었습니다. 자투리 시간을 여가활용처럼 생 각하고 시작했던 산행은 차츰 의무와 책임으로 바뀌 었습니다. 덕분에 어깨는 무거워졌지만 그 무게만큼 보람이 뒤따릅니다.

_ 들어보셨나요, 밀알산악부?

기나긴 겨울도 지나고 결코 올 것 같지 않던 봄이 찾아왔습니다. 화창한 봄날 우리 밀알산악부에 동참할 성도님이 계신가요?

우리 밀알부에는 산악반이 있습니다. 물론 밀알부 내의 정식 조직은 아니지만, 8명의 밀알부 학생이 소속되어 매주 토요일 청계산을 등반하는 실제로 존재하는 모임입니다. 한 명 한 명씩 늘어난 인원이 지금은 8명입니다. 8명이 산에 갈 때는 봉사자도 최소한 8명이 있어야 하니까 매주 20명 가까운 인원을 실어 나를 차량도 동원되어야 합니다.

감사하게도 여기까지 오는 동안, 하나님은 필요할 때마다 봉사자를 준비해 주셨습니다. 그 봉사자들이 비록 제 친구들이고 신앙 있는 친구가 많지는 않지만, 토요일이면 세상 모든 일을 내려놓고 우리 학생들과 등산을 합니다. 제 친구들은 범선이와 범선이 친구들

수준이 우리 수준과 딱 맞아서 무척이나 재미있고 보람 있다고 합니다.

처음에는 못 걷던 학생이 이제는 비장애인처럼 걷고, 몸의 자세도 바로 잡히고, 다리에 힘도 생겼습니다. 무엇보다 얼굴 표정이 밝아지고, 자신감이 생기는 것을 보았습니다. 그뿐 아니라 수군대던 사람들도 이제는 우리를 격려하고 칭찬해 줍니다.

요즈음 우리 일행은 청계산의 유명인사가 되었습니다. 토요일마다 20명 가까운 인원이 유별나게 등산을 하니까요.

그런데 이제는 제 친구들만으로는 한계에 이르렀습니다. 토요 등반에 참가하려는 학생은 늘고 있는데 봉사자가 없습니다. 이 글을 읽고 한 달에 한두 번이라도 한 학생을 맡아 함께 청계산 등반을 하실 분이 있으신지요?

봉사하시는 분들에게 큰 축복이 있을 것입니다. 저처럼 세상 재미를 멀리하게 되고, 좋은 공기를 마시며 심신을 단련할 수 있고, 밀알부 장애학생이 변하는 모습을 보며 참 좋으신 하나님을 체험할 수 있을 테니까요.

토요 산행은 봉사하는 분, 그리고 정서장애 학생들뿐 아니라 학생들의 부모님에게도 큰 도움이 됩니다. 우리 밀알부 부모님은 계속 긴장 속에 살고 있습니다. 쉴 시간이 없습니다. 비록 짧은 4-5시간의 산행이지만, 그 시간 동안 부모님들은 모처럼 쉴 수 있고 기도할 시간도 가질 수 있습니다.

저희 산악반은 방학 때면 장기원정 등반도 합니다. 1999년 여름에는 태백산을 등반했고, 겨울에는 설악산과 울산바위를 등반했습니다. 2000년 여름에는 3박4일간 지리산 종주 등반도 했습니다. 남들이 불가능할 거라고 했지만, 각자 무거운 배낭을 메고 야영하면서 3명의 학생이 등정에 성공했습니다. 산을 좋아하는 분, 장애인을 섬기려는 분은 연락바랍니다.

토요 산행 일정은 다음과 같습니다.

13:40   교회 앞 집합

14:00   청계산 입구 집합

14:00~17:00 청계산 등반

17:00~17:30 라면 먹는 시간
                    (학생들이 제일 좋아하는 시간입니다)

17:30~18:30 학생들을 교회 또는 집에 데려다 줌

                        2001년 5월 남기철 집사 드림

산을 오르며 추억을 만들며

_ 이슬 맺힌 아버지의 눈

하늘이 뚫린 듯 비가 온 토요일이었습니다. 부득이 산행을 취소할 수밖에 없었습니다. 그래도 못내 아쉬워 반신반의하면서 짝꿍들에게 문자를 보냈습니다.

"혹시 산행하고 싶은 짝꿍 있나요? 오후 2시까지 수서역으로 오세요."

폭우에도 불구하고 신기하게 짝꿍들이 하나둘 모여들었습니다. 그중에는 얼마 전부터 우리 산행에 동참한 한 부자가 있었습니다. 아버지가 내 학교 후배고, 아들은 24세 된 청년입니다. 스스로 손을 끈으로 묶어 뒷짐을 지고 다니는 천사입니다.

"아니 이 빗속에 어떻게 왔어?"

걱정스럽게 물었더니 아버지가 입을 엽니다.

"집사람을 좀 쉬게 해주고 싶어서요…."

나는 그 마음을 잘 압니다. 지난주가 유난히 힘들었나 봅니다. 애틋함도 느껴지고, 아내에 대한 남편의 배려에 맘이 짠했습니다. 산행하는 동안 아이 엄마가 잠시 쉴 수 있다고 생각하니 한편으로는 흐뭇하기도 했습니다.

산을 오르기 시작하자 빗줄기가 잦아들기는커녕 더욱 세졌습니다. 노아 홍수처럼 그 기세가 어마어마했습니다. 덕분에 온 몸이 금방 홀딱 젖어버렸습니다. 천사들이 내심 안쓰러웠지만 도중에 포기할 수는 없었습니다. 다행히 누구 하나 불평하지 않았고,

씩씩하게 대모산을 지나 구룡산을 거쳐 양재동까지 산행을 마쳤습니다.

우리는 산을 내려와 음식점에 들어갔습니다. 24세 된 아들이 두 손을 의자 뒤로 묶은 채 아빠에게 음식을 먹여 달라고 떼를 씁니다. 내가 나서서 제지했습니다. 굶기더라도 먹여주지 말라고…. 아빠를 밀어내고 내가 그 자리에 앉았습니다. 아빠 마음이 얼마나 안쓰러울지 나는 잘 알지요. 게다가 주변 사람들의 따가운 시선을 받으면서 버티기란 여간 어려운 게 아닙니다.

먹여 달라고 떼를 쓰던 아들은 식당 밖으로 뛰쳐나가 소란을 피웠지만, 나한테 엄청 혼나고는 다시 식당으로 들어왔습니다. 그리고 결국 고집을 꺾고는 손을 묶은 끈을 풀고 혼자서 밥이며 김치찌개를 무섭게 먹습니다.

얼마나 배가 고팠을까요? 그 험한 산길을 온 몸이 젖은 채로 오르내렸는데…. 아빠 눈에 이슬이 맺힙니다. 장애를 가진 아이를 키우는 부모의 마음을 누가 알아주나요. 우리라도 그 마음을 이해하고 서로 도우면서 위로하며 살면 좋겠습니다. 더 바라기는 우리 모두 하나님의 위로하심을 스스로 경험하고, 어렵고 힘든 날들 속에서도 감사함으로 살아가길 기도합니다.

나도 마음이 편치 않아 부자를 보낸 후 캄캄한 대모산을 다시 올랐습니다. 하나님의 위로를 기대하면서, 그날은 엄청난 빗속에서 6시간 이상을 산속에서 보낸 특별한 날이 되었습니다.

_ 하나님 전 상서

하나님! 저 아시죠. 저 청계골 터프가이 호인이에요. 오늘 동료 천사들이랑 양아버지 준명 아저씨의 손을 잡고, 우리 천사들만큼이나 마음과 영혼이 맑고 깨끗한 짝꿍 아저씨들과 함께 2003년 10월의 청계골 매봉에 올랐습니다.

하늘은 구름 한 점 없이 맑고 높습니다. 청계골 자락은 하나님의 섭리에 따라 온통 붉은 옷으로 갈아입었네요. 깨끗한 공기가 지친 우리의 마음과 몸을 어루만져주었습니다.

우선 회개하는 맘으로 고백부터 할게요. 준명 아저씨, 용민 아저씨, 만승 아저씨 그리고 수많은 짝꿍 아저씨들의 손등과 팔뚝에 생채기를 낸 것에 대해 깊이 뉘우칩니다. 정말 본의는 아니었어요. 저희의 생각을 잘 알아주지 못하는 아저씨들이 야속해서 모든 천사들을 대신해 용감하게도 제가 일을 낸 거랍니다. ^^; 아저씨들이 제 마음을 읽지 못하고, 우리가 좋아하는 오아시스 옛골 라면집으로 하산하지 않고, 황무지 청계골 털보네 아저씨 집으로 하산하는 바람에, 터프한 제 마음을 긁어놓아 한번 본때를 보여준 것뿐입니다. 그리고 옛골 라면집 아저씨와 아주머니에게도 용서를 구합니다. 저돌적으로 무작정 가게에 들어가 제가 좋아하는 과자와 음료수와 껌을 계산도 하지 않고 가지고 나온 것 말입니다. 물론 나중에 제 양아버지와 대장님이 계산을 마친 걸로 알고 있어요.

하나님! 정말 하늘에 계셔서 우리의 기도 듣고 계신 가요? 얼마나 기다려야 하나요? 아빠 엄마가 그토록 원하는 때를 단축시켜 주세요. 기다리다 지쳐서 하나님을 원망하지 않도록 우리를 붙잡아주세요.

하나님! 우리를 천사가 되게 하신 데는 분명 하나님의 뜻이 있음을 알고 있습니다. 우리를 통해 우리가 알지 못하는 기묘한 일들을 만들고 해결하며 이루어가시는 순간순간들을 두 손 모아 기도하면서 바라보겠습니다.

그런데 하나님! 제발 오래 끌지는 말아주세요. 저는 하나님만 믿고 준명 아저씨와 같이 산을 내려가겠습니다. 오늘은 옛골 라면집에 들러 껌 두 통만 갖고 나오겠습니다. 용서해 주실 거죠?

호인이와 짝꿍 이준명 선생님

_ 봄을 위한 기도

2월 마지막 주, 희중이와 산행을 했습니다. 올해 들어 부쩍 짝꿍이 모자라는 날이 많아졌습니다. 토요일마다 불가피한 일로 산행에 참석하지 못하는 짝꿍이 늘어나면서, 짝꿍 없는 천사들이 매주 한둘씩 생겨났습니다. 그래서 오늘은 내가 희중이의 짝꿍이 되어 산에 올랐습니다.

최근 희중이가 순간적인 뇌전증으로 자주 넘어진다는 이야기를 들었습니다. 얼마 전에는 넘어져 눈 부위를 꿰매기도 했습니다. 그러다보니 자연히 바깥 출입이 줄게 되고 체력도 약해진 듯합니다. 그래서 오늘은 천천히 산행을 시작했습니다. 속도를 많이 줄였는데도 희중이가 힘들어합니다. 그러더니 얼마 지나지 않아 갑자기 몸의 중심을 잃고 비틀거렸습니다. 얼른 다가가 잡았는데, 순식간에 둘이 같이 넘어지고 말았습니다.

여기서 포기할 수 없다는 생각에 잠시 쉰 후 다시

몸을 일으켜 산행에 나섰습니다. 그런데 얼마 지나지 않아 희중이가 또 넘어지고 맙니다. 하는 수 없이 늘 다니던 코스를 중단하고 쉬운 코스로 변경했습니다. 그런데 또 얼마 못가 희중이가 앞으로 쓰러집니다. 이번에는 제대로 잡지 않았으면 크게 다칠 뻔 했습니다. 더 이상 산행이 어려울 것 같았습니다.

하산 길에 나섰지만 결코 만만한 일이 아닙니다. 더군다나 하산 길에는 바위와 돌이 많아, 하산하다 넘어지면 정말 큰 사고가 날 수 있습니다. 정신을 바짝 차리고 희중이 바지춤을 뒤에서 잡고 끌어당기다시피 하면서 산을 내려왔습니다. 다행히 하나님이 희중이를 돌봐주셔서 한 번도 넘어지지 않았습니다.

산을 내려와 기다리고 있던 희중이 엄마를 만나 당분간은 산행이 무리라고 말해 주었습니다. 나도 참 마음이 아팠습니다. 그런데 오히려 희중이 어머니가 고맙다고 하십니다.

여러 짝꿍들과 천사 가족들, 희중이와 그 가족을 위해 기도해 주세요. 빨리 회복해 다시 산에 오를 수 있도록, 희중이 병의 원인을 찾아 치료할 수 있도록 말입니다. 겨울이 가고 봄이 오듯 우리 아이들이 점점 좋아지길 간절히 기도드립니다.

희중이와 짝꿍 정용민 선생님

희중이 최근 모습

짝꿍 모으기가 힘든 날이 계속 이어졌습니다. 천사 25명에 짝꿍 14명이 산행을 신청한 적도 있습니다. 그러면 짝꿍 한 명이 천사 두 명을 데리고 가면 되지 않느냐고 말하는 분도 계십니다.

밀알천사 산행은 반드시 천사보다 짝꿍 수가 많아야 합니다. 짝꿍 두 명이 돌보아야 하는 천사도 있고, 일대일을 꼭 지켜야 하는 천사도 많기 때문입니다. 학교나 가정에서와 달리 산에서는 의외로 힘든 천사들도 있습니다.

특히 지난 금요일은 힘든 날이었습니다. 산에 한 번이라도 오셨던 분들 모두에게 전화하고 메시지를 보낸 것 같습니다. 그런데 한 명이 추가되면 더 많은 분들이 급한 일로 산행이 어렵다고 연락해 옵니다. 친한 친구에게는 사정도 하고 반 협박도 했지요. 그렇게 짝꿍 수를 겨우 맞췄는데, 이번에는 천사들이 속을 썩입니다. 산행 명단을 열 번도 더 짠 것 같습니다.

그렇게 가까스로 산행이 시작된 토요일, 갑자기 무더위가 시작돼서인지 출발부터 힘들게하는 천사들이 생깁니다. 땅에 주저앉아 일어서지 않고, 청계산 입구가 떠나가게 울고…. 그런 천사를 끌고 가려니 누가 보면 아동학대한다고 할 것 같더군요. 울며 버티는 천사들을 맨 뒤에서 한 명 한 명 달래고 겁주며 보내느라 어렵게 산행을 마쳤습니다.

하필 그날은 꼭 가야 할 결혼식이 있었습니다. 산에서 내려오자마자 땀에 젖은 셔츠만 갈아입고, 등산화에 땀 냄새 진동하는 채로 택시를 타고 서울에서 제일 좋다는 한 호텔 결혼식에 참석했습니다.

식장에 도착해서는 다들 잘 가고 있는지 확인 전화를 했습니다. 다행히 아무 일 없이 버스에 승차해서 집으로 돌아가고 있더군요. 이왕 간 거 결혼식 다 보고 식사도 하고 와인도 마셨습니다. 옆사람 눈치가 보이더군요. 이번 산행도 하나님이 지켜주셔서 무사히 마쳤습니다.

하나님이 내게 말씀하십니다.

"너를 책망할 것이 있나니 너의 처음 사랑을 버렸느니라" (계 2:4)
"네가 차지도 아니하고 뜨겁지도 아니하도다 네가 차든지 뜨겁든지 하기를 원하노라" (계 3:15)

처음 산행을 시작한 날의 첫사랑을 회복하길 간절히 기도해 봅니다. 그리고 어느 상황에서든 감사하길 원합니다.

_ 연하남과 썸타기

유환이는 참 말이 많고 명랑한 소녀입니다. 올해 고등학교를 졸업하지요. 산에 다닌 지 꽤 오래됐는데도, 산을 오를 때도 내려올 때도 항상 맨 끝에 서곤 합니다.

그런 유환이가 오늘 특별한 짝꿍을 만났습니다. S전자 봉사자인 엄마를 따라온 연하남이 바로 그 주인공입니다. 유환이는 연하남이 마음에 쏙 드는 모양입니다. 매번 산행 맨 뒤에 오던 유환이가 당당히 연하남 손을 잡고 두 번째로 하산했으니까요. 산에서 내려온 후에도 손을 잡고는 집에 안 가겠다고 합니다. 매정하게도 내가 두 사람의 손을 떼어놓았습니다.

'유환아 미안해. 언젠가는 백마 탄 왕자님처럼 네 사랑이 나타나리라 믿는다.'

유환이와 연하남 짝꿍

오늘은 산행을 마치고 청계산 원터골에 있는 '옛집'에 들러 짝꿍들과 같이 식사했지요. 이 옛집에 범선이가 일하는 래그랜느에서 만든 쿠키도 선물했습니다.

오래 전 천사들이 청계산 산행을 시작할 때, 메뉴에도 없던 라면을 천사들에게 끓여준 고마운 곳입니다. 지금은 산행 코스도 바뀌고 천사들도 많아져 라면을 먹을 수 없지만, 아직도 우리에게는 편한 장소입니다.

식사를 마치고 나오는데 주인아주머니께서 조그만 봉투를 내밀더군요. 봉투 안에는 급히 쓴 편지와 오만 원 권 한 장이 들어 있었습니다. 범선이 이름을 부르며 건강하게 자라줘서 고맙고, 항상 기도하겠다는 글귀를 보는 순간 가슴이 뭉클했습니다.

급히 흘려 써 미안하다고 적혀 있었지만, 내가 받아
본 편지 중 이보다 아름다운 편지는 없었습니다.

_ 통(通)하였느냐

지난 주 토요일에는 범선이에게 외국인 짝꿍이
배정됐습니다. S전자 봉사자로 오신 분입니다. 그날
은 갑자기 봉사자 몇 명이 빠지는 바람에 짝꿍 배정
에 시간이 걸려, 차에 대기하는 시간이 평소보다 길
었습니다.

범선이 차례가 됐습니다. 기다린 시간이 지루했는
지 짝꿍이 정해지자마자 소리를 지르며 산으로 뛰어
올라가더군요. 대한민국 남아의 기개를 보여주고 싶
었나 봅니다. 첫 산행봉사를 온 외국인은 무척 당황
하더군요. 나는 빨리 쫓아가라고 했습니다.

그로부터 3시간 후 … 두 사람이 다정히 산을 내
려오는 모습이 보였습니다. 산행이 어땠냐고 묻자 아

주 좋았다는 답이 돌아왔습니다. 둘이 어떻게 대화했는지는 나도 모르겠습니다. 두 사람만 이해하는 대화를 나눴는지도 모르겠습니다. 아무튼 그날 범선이는 국제무대에 데뷔했습니다.

_ 20주년 기념 산행

토요일마다 오르는 청계산이지만, 20주년 기념 산행은 천사 부모님도 동행하기로 했습니다. 특별한 날이라 그런지 70여 년만의 무더위가 찾아왔습니다. 일기예보에서는 36도가 넘어섰다고 합니다. 산행 시작부터 천사도 짝꿍들도 땀을 비 오듯 쏟기 시작하고, 천사들 입에서 쉬자는 말이 계속 나왔습니다.

귀중한 것 소중한 것은 쉽게 얻어지지 않나 봅니다. 한 걸음 한 걸음 이어져 코흘리개가 소녀로 청년으로 이렇게 20년의 세월이 흘렀습니다. 산속임에도 불구하고 바싹 마른 산길에 뜨거운 지열, 바람 한

점 없는 높은 습기, 지난 20년을 통틀어 가장 힘든 산행인 듯합니다.

가장 소중한 것은 눈물과 땀을 통해서만 얻을 수 있음을 다시 일깨워준 산행입니다. 우리의 앞길도 평탄한 무지개빛 만은 아니겠지요. 오늘같이 어렵고 힘든 고난이 가로막을 수도 있을 겁니다. 그러나 우리는 이겨낼 겁니다.

지난 20년간 모든 어려움을 이겨냈듯이, 하나님의 선한 인도하심이 앞으로도 계속 지켜주시고 인도해 주실 것을 믿습니다.

청계산의 웃픈 이야기

_ 스님과 목탁

요즘 젊은 세대들이 쓰는 말 중에 '웃프다'라는 말이 있습니다. '웃기다'와 '슬프다'의 합성어로 말하자면 신조어인데, 국어사전에는 없어도 포털사이트의 오픈 국어사전에는 당당히 올라 있는 단어입니다. 우리 천사들과 함께하노라면 가끔씩 '웃픈' 상황이 벌어지곤 하지요.

지난 20년간의 산행 발자취를 더듬어보면 그야말로 웃픈 사건 사고의 연속이었습니다. 솔직히 지금이야 다 지난일이니까 웃어넘길 여유가 있지만, 그 당시에는 곤혹스럽기 짝이 없었습니다.

청계산 입구에서 목탁을 치며 탁발하는 스님이 한 분 계셨습니다. 웬만한 청계산 등산객에게는 익숙한 분일 겁니다. 그런데 언제부턴가 스님이 청계산에서 자취를 감췄습니다. 그 이유 가운데 하나가 우리 천사들 때문이 아닐까 합니다.

스님만 보면 다가가 순식간에 목탁을 빼앗아 버리곤 하던 천사가 있었습니다. 목탁을 손에 넣고는 곧바로 자신이 두드리는 거지요. 한두 번은 그러려니 했던 스님이 매번 목탁을 뺏기자 이건 아니다 싶으셨는지, 우리 아이들이 산에 오르는 모습만 보이면 저 먼발치에서 주섬주섬 자리를 거두어 아예 철수해 버리곤 했지요.

그런데 언제부터인가는 아예 자취를 감추었습니다. 이 글을 보신다면 사과의 말씀을 드리고 싶습니다. 이제 그 철부지 천사들이 훌쩍 커서 그런 불미스러운 일은 없을 테니 다시 돌아오셔도 됩니다.

천사들이 실종돼 까맣게 속을 태우는 일도 종종 있습니다. 그때마다 사라진 천사들을 찾느라 나와 짝꿍들이 왔던 길을 서너 번이고 오르내리며 온 산을 뒤지곤 했습니다. 이런 상황을 모르는 등산객들은 그런 우리의 모습을 보면서 감탄합니다.

"체력이 참 좋으시네요. 그렇게 산을 몇 번씩 오르내리시니…"

한번은 추운 겨울이었는데, 전날 쌓인 눈 때문에 길이 유난히 미끄러웠습니다. 설상가상 처음 오신 여성 봉사자 한 분이 산 정상에서 미끄러져 다리가 완전히 골절됐습니다. 순간 눈앞이 하얘졌습니다.

다급한 마음에 내가 그분을 업고 산을 내려오기 시작했습니다. 다리가 골절된 사람을 업고 청계산 눈길을 내려오자니, 내 다리도 후들거리며 금방 온 몸이 땀으로 뒤범벅되었습니다. 하도 힘들어 중간에 주변 분들에게 교대 좀 하자고 했는데, 모두 절레절레

고개를 흔들더군요.

청계산 입구에 다다르니 119 구조대가 기다리고
있었습니다. 구급차로 달려가 부상자를 인계하는 순
간, 구조대원들이 나를 향해 90도로 허리를 굽혀 인
사를 반복하는 게 아닙니까? 통상 구조대원들이 산
에 올라 부상자를 업고 내려오는데, 나는 그런 생각
조차 못하고 정신없이 업고 내려왔으니 구조대원이
감사하단 말을 반복한 거지요.

119 구급차에 동행하여 인근 병원 응급실에 도착
했습니다. 접수를 하려면 주민등록번호를 기입해야
하더군요.

"나이를 밝히기 싫었는데…."

수줍게 웃으시던 봉사자 분은 저보다 약간 연상
이었습니다. 그 일로 골절수술과 재활치료까지 받았
지만, 오히려 우리에게 염려를 끼쳐 미안하다고 하시
네요. 따뜻한 마음의 소유자셨습니다. 한겨울 청계산
의 119 구조대 출동사건은 그렇게 마무리됐습니다.

어이없는 사건도 있었습니다. 한 등산객이 장애인을 학대한다고 핸드폰 동영상을 찍어 인권위원회에 고발한 것입니다. 이유인즉슨, 천사 중 하나가 손가락을 묶고 다니는 습성이 있었습니다. 어릴 적부터 얼굴에 난 상처를 계속 뜯어내 상처가 아물지 않아, 부모님이 실로 손을 묶어주면서부터 그게 습관이 된 것입니다.

아이 아버지의 설명에도 불구하고 그 등산객은 왜 이런 아이를 데리고 나왔느냐며, 이렇게 묶어서 키울 바에는 아이가 죽는 편이 낫겠다는 폭언도 서슴지 않았습니다. 무척이나 속상했습니다.

그러나 일단 인권위원회에 고발된 사안이었기에 우리는 자세한 해명서를 보내야 했습니다. 당연히 무혐의 처리될 줄 알았지요. 그런데 예상과 달리 장애인과 함께 인권위원회에 나와 해명하라고 합니다. 청계산에 와서 직접 확인해 주십사 요청했지만, 토요일은 쉬는 날이라 올 수 없다는 답만 되돌아왔습니다.

그렇게 1년 이상을 끌다가 천사 가족들이 청와대에 민원을 제기했고, 그러고 나서야 무혐의 처리가 됐습니다. 인권위원회에서 장애인 가족의 인권은 생각지도 않은 거지요. 그때 기억을 떠올리면 아직도 울컥합니다.

종종 이렇게 오해를 받는 경우가 있습니다. 하산 길에는 토끼처럼 깡충깡충 신나게 내려오지만, 오르막에서는 꿈쩍도 하지 않는 천사들이 있습니다. 그럴 때면 뒤에서 밀고 앞에서 당기면서 산을 오릅니다. 제3자의 눈에는 싫다는 아이들을 강제로 끌고 가는 것처럼 비칠 수도 있어서 본의 아니게 오해를 사곤 합니다.

사실 천사들은 산행을 무척 좋아합니다. 심기가 불편해서 안 오르겠다고 고집을 부리다가도, 정상에 도착하면 언제 그랬냐는 듯 해맑게 웃습니다. 준비해 온 간식을 꺼내 나눠 먹으면서 누구보다 즐거워하지요. 그리고 산을 내려올 때면 기분이 최고조입니다.

지금도 가끔 천사들을 보며, 왜 이런 아이들을 산에 데리고 오느냐는 분들이 있습니다. 그럴 땐 그냥 웃지요. 물론 격려와 칭찬의 말을 해주시는 분들이 훨씬 많습니다.

어찌 쉽게 껑충껑충 뛰어서 올랐겠습니까?
안 봐도 그 상황이 상상됩니다.
주저앉기도 했을 것이고, 안 간다고 소리도 질렀을 겁니다.
부모도 쉽지 않은 이 일을, 부모의 마음이 있어야 가능한 이 일을,
변함없이 함께해 주신 분들이 계십니다.

2부 _ 가슴으로 쓰는 편지

천사를 가슴에 품은 사람들

_ 축복처럼 내게 온 딸

진태희(2006년생, 여)의 엄마

세상에 어느 누가 건강한 자녀를 바라지 않겠습니까. 아니 어느 누가, 발달장애를 가진 자녀가 내 삶의 평안을 깨고 불쑥 찾아올 수도 있다는 것을 상상이나 했겠습니까. 결혼 8년 만에 찾아온 귀한 자녀가 장애를 가졌다는 현실 앞에서, 나는 정체성의 일대 혼란과 파괴를 홀로 감당해야만 했습니다. 아이 아빠는 중국인으로 우리 가족은 중국 상해에 살고 있었는데, 아이 치료교육을 위해 아이와 저만 한국으로 들어왔습니다.

지나온 삶의 여정을 회상해 보면, 모든 것이 하나님의 계획 안에 있었음을 깨닫게 됩니다. 확고한 목표 없이 방황하는 삶을 살며 탕자 같았던 내게, 어느 날 하나님이 관여하시기 시작했습니다. 장애를 가진 딸아이를 만나게 하신 것, 믿었던 남편의 사업 실패와 고이 가꾸어 온 가정이 깨지는 아픔을 통해 하나님은 내 삶을 180도 바꾸셨습니다.

내가 가진 모든 것을 잃었지만, 내게 남겨주신 것이 하나 있습니다. 바로 내 사랑하는 딸 태희입니다. 하나님께서 내게 주신 1달란트의 선물입니다. 비록 세상의 눈으로는 나약하고 비천한 모습으로 내게 왔지만, 이 아이를 향한 사랑의 힘으로 나는 세상을 이기고 승리할 수 있습니다.

하나님께서 태희를 통해 엄마인 내게 허락하신 축복이 있음을 믿습니다. 소중한 인연도 이 아이를 통해 선물로 주셨습니다. 밀알천사 산행 팀을 알게 된 것은 내게 큰 축복이었습니다. 매주 토요일 울퉁불퉁한 산길을 아이가 걸을 수 있다는 것이 얼마나 좋은 일인지요. 숲 속에서 자연스레 아이의 몸과 마음이 자랄 것 같았습니다.

그러나 현실은 결코 녹록지 않습니다. 과연 이 아이가 그것을 할 수 있을까. 고집불통에 말귀도 제대로 알아듣지 못하는 아이와 산행한다는 건 내 생각으로는 불가능에 가까운 일이었으니까요. 만약 실패하면 그냥 아이와 돌아올 심산으로 가방을 메고 따라나섰습니다.

예상대로 아이는 청계산 입구에서부터 올라가지 않겠다고 떼를 쓰며, 온 산이 쩌렁쩌렁 울리도록 비명을 질러댔고, 순간 식은땀이 흐르기 시작했습니다. 그때 황망해하던 나를 안심시키며 아이의 손을 냅다 잡고 올라가던 장로님과 남 대표님의 모습이 잊히질 않습니다. 순식간에 아이는 시야에서 멀어져갔습니다.

그로부터 3시간 남짓 지났을까. 저 먼발치에서 흙

과 땀과 눈물로 얼룩진 채 첫 산행을 무사히 마치고 내려오는 아이의 모습이 보였습니다. 너무도 대견하고 감격스러워 달려가서 와락 끌어안아 주었습니다.

그날 이후로 태희는 청계산의 날다람쥐처럼 가볍게 청계산을 오르내리는 아이가 되었습니다. 그 누구보다 태희를 사랑해 주는 짝꿍 정아 선생님의 헌신 덕분에, 태희는 청계산에서 하루가 다르게 쑥쑥 자랐습니다. 첫날 산행에서 짝꿍선생님은 바닥에 깔고 앉을 수 있는 작은 매트를 태희 가방에 넣어주셨는데, 그 뒤부터 태희는 산행 중 잠깐잠깐 쉴 때마다 그 매트를 꺼내 돌 위에 깔고 앉는 '깔끔쟁이'가 되었답니다.

밀알천사 산행 팀의 산행에는 대가를 바라지 않는 섬김과 사랑이 숨어 있습니다. 아이의 이름을 다정하게 불러주고 보살펴주는 짝꿍들이 있기에 나는 마음 놓고 아이를 맡길 수 있고, 아이가 3시간여의 산행을 하는 동안 귀한 자유시간도 누릴 수 있습니다.

매주 토요일, 짝꿍과 천사들이 함께하는 산행은 어린 태희에게는 사랑을 나누는 경험의 장이자 인내와 자기조절을 연습하는 터전일 것입니다. 엄마인 내게는, 내가 생각하는 것보다 아이가 할 수 있는 것이 많다는 것을 깨닫게 해주었고, 손 내밀면 잡아주는 선한 사람들이 많다는 것을 알게 해주었습니다.

언제나 선하시고 실수가 없으신 하나님께 깊이 감사드립니다. 아이는 더디 자라고 있지만, 우리 가정의 기쁨이 될 것이라는 약속의 말씀을 붙들고 이 길을 가렵니다.

_ 어느 날 사랑의 기적이
김민성(2001년생, 남)의 엄마

민성이가 밀알천사와 만난 지 2년이 되어갑니다. 민성이는 다른 어느 천사보다 유난히 큰 사랑과 은혜를 입었습니다. 밀알천사와의 첫 만남은 이야기내과 윤수진 원장님과의 인연 덕분에 시작됐습니다. 잔병

치레가 유난히 많은 세 아이를 키우느라 절로 이야기 내과의 단골이 된 내게, 어느 날 윤수진 원장님이 조심스럽게 말을 꺼냈습니다. 민성이를 토요일마다 산행에 참가시키면 어떻겠냐고요.

워낙 의심 많고 남을 믿지 못하는 성격이라 아이 셋을 누구의 도움도 받지 않고 키워온 나는, 원장님이 오죽하면 이런 말씀을 하실까 싶었습니다. 삼형제가 번갈아가며 아파 병원을 제 집처럼 드나들곤 했으니까요.

자폐성 장애를 가진 둘째 민성이는 살이 쪄 몸을 가누기가 어려운데다, 선천적 다리 문제로 걷는 것조차 버거워 보였기에, 옆에서 지켜보던 윤수진 원장님이 안타까운 마음에 조심스럽게 손을 내미신 겁니다. 힘든 아이들을 보면 그냥 지나치지 못하는 원장님의 고운 심성이 느껴졌습니다.

그러나 민성이에게 산행이 결코 쉽지 않다는 걸 알기에 정말 보내도 될지, 잘 버틸 수 있을지 불안한 마음이 앞섰습니다. 고민 끝에 용기를 내서 보내야겠다고 마음먹었습니다. 처음엔 가기 싫다던 아이를 좋아하는 음료수와 과자로 유인하며 산행에 보냈습니다. 누구도 믿고 맡기지 못해 늘 품안에 끼고 있던 아이를 처음 혼자 바깥 세상에 내보내는 날이었습니다. 산행에서 돌아올 때까지 마음 졸이며 민성이의 귀가를 기다렸습니다.

그렇게 시작된 민성이의 밀알천사 산행은 의술로도 치료할 수 없는 기적 같은 치유의 삶으로 되돌아왔습니다. 일단 눈으로 보기에도 커다란 변화가 일어나기 시작했습니다. 넘어질 듯 항상 불안했던 민성이의 다리가 쭉 뻗은 멋진 다리로 변하고, 살은 빠지고 키는 쑥쑥 자라는 모습이 엄마 아빠의 눈에도 놀라울 정도였습니다.

민성이 자신도 다리가 편해지고 살이 빠지면서 몸이 편해지니, 누워만 지내려던 생활습관이 자연스럽게 바뀌기 시작했습니다. 평소 하고 싶었던 그림 그리기와 드라마 앉아서 보기 등 자신만의 여가를 충분히 즐길 수 있게 되었습니다. 얼마나 편안한 자세가 그리웠을지 가히 짐작이 되더군요.

산행으로 시작된 또 하나의 은혜는, 형의 산행으로 동생들이 엄마와 시간을 보낼 수 있게 되었다는 점입니다. 민성이 돌보는 데 많은 시간을 할애하느라 상대적으로 소홀했던 두 아이에게 미안한 마음까지 합해, 마음껏 사랑을 부어주고 아이들이 행복해하는 것으로 그 시간을 채워나갔습니다.

산에 오른다는 그 차제만으로도 의미 있지만, 민성이에게는 잃어버렸던 생활을 되찾아준 변화의 원천이었습니다. 또 우리 가정에는 커다란 활력이 되어주었습니다. 적지 않은 시간을 거슬러 지금 이 순간까지 민성이와 함께해 준 많은 분들, 밀알천사가 이루어낸 사랑의 기적에 참으로 감사합니다.

_ 엄마가 고마워
김성준(2003년생, 남)의 엄마

사람들에게 취미가 뭐냐고 물어보면 대부분 여행이나 사진 촬영 혹은 게임, 악기 연주 등을 이야기하지요. 그런데 나는 언제부터인가 '끝없는 인내'가 취미가 되어버렸습니다. 아마도 성준이가 내 취미를 '인내'로 만들어준 것 같습니다. 성준이가 태어난 후부터 나는 새로운 인생을 살게 됐습니다. 삶의 목표가 오로지 성준이를 완치시키는 것 하나뿐이었으니까요.

'엄마의 사랑과 정성으로는 안 되는 것이 없어. 난 할 수 있을 거야. 성준아 엄마만 믿어. 널 꼭 고쳐줄 테니….'

성준이와 하루 24시간을 한 몸처럼 지내면서 12년을 살아온 것 같습니다. 성준이의 그림자로 살아온 그 12년을 어떻게 다 말할 수 있을까요. 깊은 시련과 좌절로 살아온 그날들을 어떻게 표현할 수 있을까요.

성준이가 장애 진단을 받고 난 뒤 24개월부터 특수교육을 시작했고, 성준이를 고칠 수 있다는 온갖 치료에 현혹되어 이리저리 밤낮으로 뛰어다녔습니다. 그 시절을 떠올리면 울컥하면서 심장 한 구석이 아려옵니다. 밝았다 어두웠다를 반복하는 감정의 기복에도 어느새 익숙해진 것 같습니다.

'과연 나는 이렇게 한평생 살아야 하는 걸까? 이제 내 삶을 마무리해야 하는 게 아닐까?'

이런 약한 마음으로 아슬아슬하게 산 적도 있습니다. 그래도 지금은 항상 좋은 생각, 즐거운 마음으로 살고 있습니다. 어느새 참고 또 참는 인내가 내 취미가 되어버렸으니까요. 힘겨웠던 시절이지만 그래도 그때가 있었기에 성준이가 이만큼 잘 자라준 것이 아닐까 위로하고 또 위로하면서 오늘도 인내하며 살아가고 있지요.

성준이가 내 취미를 인내로 만들어준 덕에 얻은 것도 많습니다. 인내는 삶에 많은 도움이 되어주니까요. '어떤 어려움이 와도 절대 화내지 말 것, 반드시

기다리고 참을 것' 이것이 내 삶의 철칙이 됐습니다. 어쩌면 성준이가 인생 사는 방법을 가르쳐준 것이지요. 어떤 어려움과 고난이 있어도 이겨낼 수 있는 강한 힘이 저절로 생겼습니다. 그리고 모든 세상을 긍정적으로 바라보는 넓은 마음과 여유로움도 생긴 것 같습니다.

밀알천사를 만나게 된 것은 성준이가 초등학교 2학년이 되던 2011년이었습니다. '산에 다니면 아이가 건강해진다고 하니, 이제는 산에 다녀야 되는구나.' 하는 절절한 마음 하나뿐이었습니다. 그때만 해도 마음이 편치 않았는데, 산악모임 밀알천사를 만나고 나서 조금씩 내 마음도 안정을 찾게 됐습니다.

처음 밀알천사 모임에 갔을 때, 다른 천사 어머니들의 무척이나 밝은 모습을 보고 깜짝 놀랐습니다. 어쩜 저리도 밝을 수 있을까? 우울하고 힘들게 하루하루를 보내는 나와는 참으로 다른 세상에 사는 사람들 같았습니다.

한 달이 지나고 두 달이 지나면서 그 해답을 차츰

알게 됐습니다. 밀알천사를 이끄는 남 대장님이 부어 주시는 귀한 사랑과, 성준이를 친아들처럼 사랑해 주시는 이정희 선생님 외에 모든 짝꿍선생님을 만나면서 힘들었던 마음이 조금씩 위로받게 됐습니다.

성준이는 오늘도 우리 가족에게 큰 기쁨을 안겨주고 있습니다. 세상에서 엄마가 제일 좋다며 애정표현을 합니다. 문 밖을 나설 때면 엄마 아빠 손을 꼭 잡고 항상 가운데 자리를 차지한 채 온갖 재롱을 떨며 기쁨을 주고 있으니, 성준이는 우리집 복덩이가 틀림없습니다.

'성준이가 있어 행복하고, 나와 성준이를 가장 사랑하는 아빠가 있어 행복하고, 우리 가족은 지금처럼 영원히 행복할 거야.' 하고 오늘도 마음속으로 희망을 키웁니다.

정성현(2000년생, 남)의 엄마

이곳 일원동에 자리를 잡은 지도 벌써 10년이 훌쩍 넘어가고 있습니다. 처음엔 아이들 아빠 직장 때문에 이곳에 왔는데, 이제는 함께해야 할 귀한 공동체가 있어서 이곳을 감히 떠날 수가 없습니다.

다시 직장생활을 시작해 보겠다고 성현이를 어린이집에 맡기고 운전도 배우고 여기저기 면접도 다니던 중 아이의 장애를 알게 됐습니다. 처음에는 그 사실을 받아들이지 못하고 매일 울다가, 장애아로 태어난 성현이를 원망하기도 했습니다. 그러던 어느 날, 우리 집 2층에서 창문의 방충망과 함께 성현이가 아래로 떨어지는 사고가 있었습니다.

그때 나는 쓰레기 분리수거를 하러 밖에 나가 있었는데, 화단 정리를 하고 있던 주인아주머니께서 그 광경을 목격하고 부리나케 성현이를 차에 태워 병원

응급실로 가셨습니다. 나는 다섯 살짜리 성현이 누나에게 그 이야기를 듣고는 슬리퍼 바람으로 응급실로 뛰어갔습니다.

아이 울음소리가 들리는 곳으로 눈길을 돌리니, 이마가 피투성이가 된 채 울고 있는 성현이가 막 수술실로 들어가고 있었습니다. 차마 그 모습을 쳐다보지 못하고 대기실에서 울며 하나님께 기도했습니다.

"하나님 성현이를 살려주시기만 하면 제가 성현이의 장애를 평생 끌어안고 가겠습니다."

그때 소식을 듣고 달려온 남편이 병원에 도착했고, 우리는 수술 중 마취가 풀려 두 번 마취를 하면서 발버둥치는 성현이를 끌어안고 울면서 간절히 기도했습니다. 다행히 성현이는 상처 부위를 서른 바늘 넘게 꿰맨 후 퇴원할 수 있었습니다.

그날 사고는 성현이가 공부방 창문에 쌓여 있던 책을 보려고 올라갔다가 떨어진 것입니다. 다행히 떨어지면서 나뭇가지에 걸려 충격이 완화되었고, 그러면서 바닥에 있던 돌에 이마를 찧게 된 것이지요. 병원 원장님이 그러십니다. '하나님의 손'이 성현이를 받아주었다고요.

"나의 반석이신 하나님 행하신 모든 것 완전하시니,
나의 생명이신 하나님 내게 행하신 일 찬양합니다.
신실하신 하나님 실수가 없으신 좋으신 나의 주."

다음 날 예배 중에 이 찬양을 부르면서 "실수가 없으신" 부분에서 얼마나 많이 울고 위로를 받았는지…. 이렇게 장애를 받아들이지 못하고 절망 속에 울며 보낸 내게 그 한 번의 사건은 살아있음에, 살려주심에 감사하게 된 계기가 됐습니다.

그럼에도 또 한 번씩 찾아오는 힘든 상황에 맞닥뜨리면서, 나는 전도훈련을 받게 되었고 밀알천사도 알게 됐습니다. 성현이는 그때부터 밀알천사 산행을 시작했습니다.

성현이를 산행 보내고 그 시간에 나는 전도를 했습니다. 군 전도, 노방 전도, 병원 전도, 친구들을 찾아가 성현이의 장애를 오픈하면서 복음을 전하는 일로 어느새 내 안에 있던 아픔, 상처, 절망감은 생각할 겨를도 없이 조금씩 아물고 치유되었습니다.

성현이는 감정기복이 굉장히 심해 어느 기관만 가도 땅바닥에 드러눕고 울며 떼를 썼습니다. 그런 성현이가 산을 오르기 시작합니다. 어찌 쉽게 껑충껑충 뛰어서 올랐겠습니까? 안 봐도 그 상황이 상상됩니다. 주저앉기도 했을 것이고, 안 간다고 소리도 질렀을 겁니다. 그 어린 성현이의 손을 잡고 이 산행을 시작해 주신 분이 계십니다. 부모도 쉽지 않은 이 일을, 부모의 마음이 있어야 가능한 이 일을, 변함없이 함께해 주신 분들이 계십니다.

아이들이 산행하는 동안 엄마들에게 쉼을 주고 싶다는 마음은, 장애를 가진 아이를 키우시는 남 집사님이라서 헤아릴 수 있었을 것입니다. 친구의 아픔에 동참하겠다며 하나 둘 친구들이 동참하기 시작하면서 오늘의 밀알천사가 만들어졌다는 이야기를 들었습니다.

가끔 나도 돌이켜보면, 내 아픔을 진심으로 나누며 섬길 수 있는 친구가 몇이나 될지 솔직히 자신이 없습니다. 당장 나부터라도 얼마나 정성껏 친구를 섬길 수 있을지 의문이니까요. 천사들의 손을 따뜻하게 잡아주시는 짝꿍선생님들이 계시기에 밀알천사 산행은 천사와 가족에게 진정한 '쉼'을 선물해 주고 있습니다.

아이들과 산에 오르면서 몸도 건강해지고 산이 주는 평안함을 알고 난 뒤, 나도 산이 좋아졌습니다. 처음엔 이것저것 걱정을 잔뜩 이고 올라가지만, 산을 오르다보면 곳곳에 피어 있는 야생화의 자태에 반해 머릿속 걱정은 어느새 뒷전입니다.

성현이가 산행을 시작한 지 어느 덧 6년, 천사들과 함께 산행할 수 있어서 행복했습니다. 우리 가족은 앞으로 우리나라 100대 명산에 도전하기로 했습니다. 한라산을 시작으로 용문산, 월악산, 주흘산, 명지산 등 7시간 이상이 되는 산들을 성현이와 함께 오르기 시작했습니다. 출발은 항상 성현이가 제일 뒤처지는데, 어느새 엄마 아빠가 잘 올라오는지 돌아보면서 챙깁니다. 처음에는 힘들어서 혼잣말도 없다가, 조금 여유가 생기고 발걸음이 가벼워지면 노래도 나오고 얼굴도 한결 밝아집니다.

언제까지일지 알 수 없고, 얼마만큼의 산을 오를지 모르지만, 산을 통해 자기 안에 갇혀 있는 성현이가 자연과 소통하는 그런 날이 오기를 기대합니다. 쉼을 만들어주시고 쉼을 통해 치유해 주는 밀알천사에 감사하며, 부디 그 이름처럼 세상의 밀알이 되길 기원합니다.

_ 그림으로 소통의 문을 연 아이

신동민(1994년생, 남)의 엄마

여린 어깨 너머로 퍼즐과 블록을 친구삼아 고사리 같은 손을 꼬물거리던 어린 동민이가 어느덧 스물하고도 한 해를 넘긴 건장한 청년이 됐습니다. 자폐성 장애를 갖고 태어난 동민이는 행동하는 것도, 말하는 것도, 관계하는 방식도, 자신이 지키고 싶어하는 규칙도, 우리가 사는 세상과는 많이 달랐습니다. 동민이의 생각을 이해하고 맞춰간다는 것이 우리 가족에게 쉽지만은 않은 일이었지요.

동민이가 자폐 진단을 받은 이후 내게 삶이란 오로지 동민이를 교육시키는 일에 집중돼 있었습니다. 그런 나와 달리 동민 아빠는 동민이가 좀 늦된 아이일 뿐이라고 믿고 싶었던 것 같습니다. 그러나 그런 믿음이 깨지기까지는 그리 많은 시간이 필요하지 않았습니다.

동민이를 데리고 여러 교육실을 전전하면서 조금씩 지쳐갈 무렵이었습니다. 부모님 참여수업이 있던 날, 나를 배려해 동민 아빠가 수업에 참여하겠다고 했습니다. 엄마와 같이 다닐 때도 수업에 들어갈 때마다 30분씩 실랑이하며 울고 토하기까지 해서 겨우겨우 달래서 들여보내곤 했는데, 과연 잘할 수 있을까 걱정이 됐습니다.

'그래도 아빠랑은 재미있게 놀던 아이니까 잘할
거야.'

내 바람은 보란 듯이 빗나가고 말았습니다. 수업
을 마치고 나온 남편은 밖에서 기다리던 나를 애써
외면하며 화장실부터 찾았습니다. 한참 후 화장실을
나온 남편의 두 눈은 붉게 충혈돼 있었습니다. 나는
묻지 않았습니다. 집으로 돌아오는 차 안에서도 우리
부부는 아무 말도 하지 않았습니다.

동민이가 초등학교에 입학할 무렵, 우리 가족에
게도 많은 변화가 있었습니다. 동민 아빠는 동민이와
좀더 많은 시간을 보내기 위해 다니던 회사를 그만
두고 개인사업을 준비했습니다. 고민 끝에 동민이를
장애인 학교가 아닌 일반 초등학교에 보내기로 하고,
동민이 누나는 싱가포르 이모 댁으로 보냈습니다.

마침 조기유학 광풍이 불던 때여서 영어 때문에
어린 딸을 홀로 유학 보낸다며 곱지 않은 시선으로
말을 보태던 이들이 많았지만, 우리 가족의 실상은
그런 게 아니었습니다. 이유는 단 한 가지, 딸아이라

도 좀 행복했으면 하는 마음과, 가슴 한 구석에도 혹시나 동생 때문에 학교에서 놀림당하고 힘들어하지 않을까 하는 걱정 때문이었습니다.

감사하게도 동민이는 학교에 잘 적응했고, 딸아이도 언니 가족의 관심과 사랑으로 낯선 땅에서 씩씩하게 잘 지내주었습니다. 한창 응석부릴 나이에 부모 품을 떠나 멀리서 홀로 지내야 했던 딸을 생각하면 지금도 가슴이 먹먹해집니다.

그 무렵 우리 가족의 또 다른 변화는 신앙이었습니다. 아빠와 동민이 나, 셋이서 손을 잡고 교회에 발을 내딛기 시작했습니다. 그 안에서 우리와 비슷한 처지의 가족들을 만났고, 서로 위로하며 함께했습니다.

어느덧 그 시간이 10여 년을 훌쩍 넘기고 있습니다. 뒤돌아보면 어둡고 긴 터널을 힘겹게 지나온 것 같은데, 기억이 희미해진 것인지 아니면 수많은 인고의 시간이 나를 단련시킨 것인지, 지금 그 시간들은 감사함과 담담함으로 자리해 있습니다.

동민이가 그림에 관심을 가진 건 그때부터였습니다. 엄마가 그려주는 그림으로 한글을 깨우쳤을 만큼 그림에 빠져 있는 아이였고, 혼자서 그림 그리며 노는 것을 좋아했습니다. 아이가 남다른 재능이 있다고 말씀해 주신 분들도 있었지만, 그저 아이가 좋아하는 놀이 정도로만 생각했지 그림으로 동민이의 미래를 생각해 본 적은 없었습니다.

그랬던 동민이가 그림을 인연으로 좋은 선생님들을 만나고, 도움과 배려로 세상과 소통하는 법을 배우면서, 애써 외면하려던 미래에 대한 작은 설렘도 시작됐습니다. 그동안 그렸던 작품을 모아 여러 번 전시회를 열었고, 코트라 주선으로 기업들과 콜라보 전시회도 열었습니다.

요즈음 동민이는 개인전 준비로 바쁜 나날을 보내고 있습니다. 작업실 계단을 오르는 발걸음에는 경쾌함이 묻어납니다. 뒤따라 계단을 오른 나는 작업실 문을 열지도 못하고 벽에 기대어 좁은 복도의 작은 창을 통해 동민이를 바라봅니다. 제법 화가의 포스를 풍기는 스물한 살 청년의 모습이 거기 있습니다.

많은 분들이 지금의 동민이가 있기까지 고생이 많았다며 내 지난 시간들을 위로하고 치하해 주십니다. 그러나 여느 부모와 마찬가지로 있는 그대로의 아이를 사랑했을 뿐이지 칭찬받기에는 과분합니다. 오늘도 이런저런 생각에 걱정이 많지만 다시 한번 마음을 다져먹고, 동민이 앞날에 희망을 그려봅니다. 따뜻한 그림으로 세상과 소통하는 동민이가 대견하고 고마울 뿐입니다.

_그때 미처 몰랐던 것들

배송영(2002년생, 남)의 엄마

송영이는 돌 무렵까지 여느 아이들과 별 다를 바 없이 건강하게 잘 자라났습니다. 조금 이상한 점은 엄마 아빠 외에 다른 사람들에게 반응을 보이지 않았던 것입니다. 다른 아기들 같으면 "송영아!" 하고 부르면 방긋 웃거나 고개를 돌리며 쳐다볼 텐데, 누가 불러도 돌아보지 않고 무관심했지만 대수롭지 않게 여겼습니다.

그러다 아장아장 걷기 시작하면서부터는 좀 특이한 행동을 보였습니다. 예를 들면, 가던 길을 거꾸로 돌아서 엄마가 가려는 방향과 반대 방향으로 자꾸만 가려고 해, 밖에 나갈 때마다 애를 많이 먹었던 기억이 납니다. 17개월쯤 되자 그런 이상 행동들은 더심해졌고, 교회의 한 집사님이 조심스럽게 아이가 좀 이상하니 병원에 가서 진단을 받아보는 게 어떻겠냐고 권해 주었습니다. 그래서 18개월쯤 일산병원의 발달클리닉에서 검사를 받고, 전반적인 발달장애와 반응성 애착장애라는 진단을 받았습니다. 하지만 그때만 해도 금방 좋아져서 정상으로 회복될 거란 희망을 가지고, 24개월 무렵부터는 조기교육도 열심히 받았습니다.

그러다 남편의 유학으로 가족이 미국으로 가게 되었는데, 35개월 무렵 송영이는 미시간 주 파인레스트 멘탈클리닉에서 자폐라는 진단을 받았습니다. 하늘이 무너지는 것 같았습니다. 유학시절은 우리 가족에게 참 소중한 기회였는데, 송영이로 인해 마음과 몸이 몹시 지쳐 심한 우울증에 빠지기도 했고, 살아갈 소망조차 다 끊어진 듯한 위기를 몇 번이나 경험했습니다.

지금 돌아보면 그때가 오히려 행복한 때였는데, 당시는 세상에서 내가 가장 큰 고통과 불행을 짊어진 것 같은 낙심에서 쉽게 헤어나오지 못했습니다. 아이의 장애로 인해 아이에게도 내게도 도무지 미래가 보이지 않았기 때문입니다.

특히 힘들었던 것은 아이의 공격적인 행동이었습니다. 소리 지르고, 다른 아이들을 물거나 때리고, 엄마 아빠를 무는 일도 많아서, 저희 부부의 팔이나 어깨, 등에는 늘 멍이 떠나지 않았습니다. 왜 아이가 그런 공격적인 행동을 하는지 이유를 알 수 없어 더 힘들었던 것 같습니다.

초등학교에 들어갈 무렵부터는 자해 행동도 심해져, 자기 머리나 얼굴을 심하게 때리며 소리를 지르는 경우도 많아, 그런 행동을 제지하느라 애를 먹었습니다. 여름에는 모기에 물리면 그 상처를 아픈 줄도 모르고 손으로 자꾸 뜯어내, 팔 다리가 성할 적이 거의 없을 정도였습니다.

엄마 손을 뿌리치고 아무 데로나 뛰쳐나가는 것을 좋아해, 순식간에 아이를 놓쳐 잃어버리는 일도 빈번했습니다. 보통은 30분이나 1시간 이내에 아이를 찾곤 했지만, 한번은 집 앞에서 자전거를 타다가 갑자기 뛰어가는 바람에 무려 6시간이 지나서 저녁 무렵에야 멀리 떨어진 동네 파출소에서 겨우 찾은 적도 있습니다.

또 한번은 복지관에서 뛰쳐나갔는데, 차가 많이 다니는 번잡한 지하도 한복판에서 뛰어다니는 것을 경찰이 찾아준 아찔한 순간도 있었습니다. 그런 일들이 여러 번 있다 보니 아이 덩치가 커지고 힘이 세진 지금은 저 혼자 아이를 데리고 외출하는 건 엄두도 내지 못합니다.

그동안 언어치료, 인지치료, 미술치료, 음악치료, 특수체육 등 온갖 치료를 다 받아도 특별히 좋아지는 것 같지 않던 송영이가 눈에 띄게 좋아지기 시작한 것은, 초등학교 3학년 무렵 우리 가족이 두 번째로 미국 유학을 갔을 때부터입니다. 그때는 내가 공부를 시작해서 남편이 아이를 돌봤는데, 학교를 마치고 오후 3시쯤 집에 돌아오면 아빠와 함께 인라인을 타며 넓은 캠퍼스를 마음껏 누비고 다녔습니다. 그때만큼 송영이가 행복하고 자연스럽게 보인 적이 없습니다.

그러면서 아빠와 애착이 형성되어, 송영이는 아빠 말은 아주 잘 듣는 편입니다. 아빠가 무섭기 때문이기도 하지만, 아빠가 재미있게 놀아준 좋은 기억이 있기 때문인 것 같습니다.

다시 한국에 돌아와서는 아빠가 바빠져서 그렇게 놀아줄 수 없는 것이 참 아쉬웠는데, 감사하게도 밀알천사 산행을 다니면서 매주 자연을 접하며 심신을 단련할 수 있게 되었습니다. 토요일마다 산행 가는 것이 아이에게 정서적으로나 신체적으로 안정되는 데 큰 도움이 되는 것을 느낍니다.

식탐이 많은 송영이는 한국에 돌아와서 갑자기 살이 쪘기 때문에 요즘 가장 씨름하는 문제도 식탐과 체중 조절입니다. 그 외에도 문제 행동은 여전히 많지만, 지금은 문제 행동 그 자체보다는 송영이를 좀 더 있는 모습 그대로 이해하려고 노력하는 여유가 생겼고, 그만큼 아이도 조금씩 안정되어 가는 것 같습니다.

아이가 자폐 진단을 받은 후부터 도무지 아이의 미래가 보이지 않고, 아이와의 씨름이 언제 끝날지 모를 캄캄한 터널을 통과하는 것 같아 많이 힘들었습니다. 어느덧 중학생이 된 송영이는 여전히 장애와 씨름 중이지만, 지금까지 지나온 시간들이 생각보다 캄캄한 터널은 아니었음을 깨닫게 됩니다. 힘들고 고통스러웠지만 송영이로 인해 감사하고 행복하고 찬란했던 순간도 많았는데, 왜 그때는 그걸 몰랐을까 싶습니다.

다시 송영이의 어린 시절로 돌아갈 수 있다면 좀 더 여유를 가지고 아이와 함께하는 순간을 누리고 즐길 수도 있을 것 같은데, 이제는 송영이가 스무 살 성년이 되기까지 남은 시간이 얼마 되지 않는다는 사실이 몹시 아쉽습니다. 지금부터라도 송영이와 함께하는 매일의 순간을 천천히 마음껏 누리면서 행복하고 감사한 시간을 쌓아가고 싶습니다.

아직도 어린아이의 천진한 눈빛을 가진 송영이가 우리 곁에 있는 것이 얼마나 고맙고 소중한지, 마음껏 표현하고 마음껏 사랑을 쏟아 부으면서 하루하루를 보낼 수 있으면 좋겠습니다. 그런 행복한 마음과 생각으로 보내는 하루하루가 바로 송영이의 밝은 미래가 될 것이라 믿고 소망해 봅니다.

종명이와 함께한 시간이 올해로 어느덧 열아홉 해구나. 벌써 19년이라니! 하루하루 바쁘게 지내다 보니 어떻게 지나갔는지도 모르겠구나. 돌 무렵 너는 진짜 예뻐서 너를 만나는 열의 아홉은 입을 모아 예

쁘다고 칭찬하던 아이였지. 그땐 엄마도 진짜 자부심이 있었어.

몸을 갓 움직이기 시작하면서, 너는 그 작은 몸으로 방바닥을 기어 다니면서 손에 닿는 물건은 모조리 집어던지고 망가뜨려서 순식간에 방안을 엉망으로 만들어버렸어. 약상자는 열어서 뒤집어 엎어버리고, 씽크대와 장식장, 옷장이며 신발장 할 것 없이 문이란 문은 죄다 열어서 안에 든 물건을 꺼내는 바람에, 우리 집의 가구들

은 네가 자라는 키높이에 맞춰서 곳곳에 청테이프가 둘러지고 끈으로 묶인 채 이삿짐마냥 놔둬야 했지. 식용유 한 통을 다 쏟아버려 너무 화가 난 적도 있었 단다.

유모차 바퀴만 몇 시간씩 굴리고, 밖에 나가면 차가 오든 말든 엄마가 있든 말든 몇 시간씩 앞만 보고 달려가고, 천장을 바라보며 빙글빙글 돌았지. 초보엄마인 나는 그런 너를 보면서도 네가 아프다는 걸 눈치 채지 못했단다.

네가 18개월 되던 때였어. 외할머니와 이모가 아무래도 네가 이상하다며 병원에 가보자고 했을 때 엄마는 오히려 화를 냈단다. 하지만 결국 병원을 찾게 되었고, 그때부터 또 다른 삶이 시작되었지. 그야말로 끝없는 치료의 연속이었어. 아침부터 저녁까지 이불은 그대로 깔려 있고, 식탁 위에는 아침에 차린 밥이 저녁까지 그대로 있는 생활이 몇 년이나 지속되었는지 모른단다.

아빠 월급은 모두 네 치료비에 쓰였어. 아빠와 엄

마는 네가 정상으로 돌아올 수 있다고 믿고, 우리가 가진 에너지와 경제력을 모두 쏟아 부었어. 시간과 정성을 다 바쳐서 너를 고치려고 노력한 거지.

네가 여섯 살이 되던 해, 그때서야 엄마 아빠는 네게는 네 인생이 있다는 것을 받아들였단다. 그리고 네 동생을 낳았지. 아빠와 엄마는 네가 스스로 인생의 홀로서기를 할 수 있도록 단단히 준비해야 한다고 생각했어.

그래서 초등학교 때 너 혼자 학교 가는 길을 훈련할 때, 엄마는 숨어서 몰래 너를 뒤따라갔었어. 네가 뒤돌아보면 얼른 숨곤 했지. 나무와 전봇대 뒤에 숨기도 했고, 급히 숨은 곳이 하필 장미꽃 가시덤불이어서 가시에 찔려 눈물이 핑 돈 적도 있단다.

중학생이 되어서는 버스 타는 연습을 부지런히 했지. 그런 네가 이제는 서울, 경기도까지 혼자 다니곤 하니까 얼마나 고마운지 모른다. 네 덕분에 엄마가 일도 할 수 있게 되었어. 엄마는 일이 참 즐겁거든.

사랑하는 종명아! 네가 일곱 살 때 받아주는 유치

원이 없어서 애를 태우다가, 마침 '소망교회 유치원'에서 너를 받아주겠다고 해서 얼마나 감사했는지 몰라. 그렇게 교회에 나가게 되었고, 엄마는 세례받는 한 시간 내내 울었어. 그때 엄마 모습을 보고 교회 성도님들도 다함께 울었지.

종명아! 학교 졸업도 이제 1년밖에 남지 않았구나. 길고 때로는 힘든 시간이었지만, 어떻게 지나갔는지 모를 만큼 돌아보면 감사만 남았네. 엄마 아빠는 할 수 있는 상황 속에서 네게 최선을 다했어. 그런데도 사랑을 충분히 주지 못한 것 같아 미안하구나. 네가 잘하는 부분보다는 부족한 부분을 잘할 수 있도록 너를 다그쳤어.

언제까지나 엄마 말을 잘 따를 것 같았던 네가 차츰 자아가 발달하면서 네 스스로 결정하니 고맙기도 하고 한편 당황스럽기도 했어. 어느덧 엄마도 사십대 후반이 되고 보니 몸도 아프고 기운도 없어져서, 네가 힘들게 하면 밉기도 해. 하지만 널 사랑한단다.

앞으로 우리가 어떤 모습으로 살아갈지는 모르지

만, 하나님께서 우리를 사랑하시고 함께해 주신다는 믿음은 더욱 커져간다. 20주년을 맞이한 밀알천사에 하나님의 사랑과 축복이 언제나 함께하시길 기도드린다.

_ 참 다행입니다
배희중(1991년생, 남)의 엄마

세월이 많이 흘러도 장애아를 키우는 엄마로 산다는 것은 참으로 만만치가 않습니다. 순간순간 커다란 벽에 가로막힌 것처럼 감당하기 어려울 때가 많기 때문입니다. 평소 나를 안쓰럽게 여겨 신경을 많이 써주시는 분들이 위로의 말을 건네주곤 합니다.

"희중이 엄만 참 대단해! 나 같으면 저런 애 죽어도 못 키워. 난 도저히 자신 없어!"

그럴 때마다 난 그냥 웃습니다. 그러곤 아무 말도 안 합니다. 아니 못합니다. 가슴이 먹먹해서…. 마음

한 구석에선 답답함에 손으로 가슴을 칩니다. 희중이는 내게 그런 존재가 아니랍니다. 혹 당신의 아이가 희중이 같은 아이라면 어떡할까요? 갖다 버릴까요, 아니면 같이 죽기라도 할까요?

나도 장애아 부모가 되고 싶어서 된 게 아니랍니다. 내겐 선택의 여지가 없었습니다. 그래도 내게는 희중이가 없는 것보다는 있다는 것 자체가 기쁨이고 행복입니다.

나는 분명히 말씀드릴 수 있습니다. 희중이가 아프면 같이 아프고, 미소 지으면 더없이 행복합니다. 부모에겐 잘난 자식이든 장애아든 똑같이 가슴 졸이는 존재라는 것을…. 우리 희중이가 남의 자식이 아니고 내 자식이어서 참 다행입니다.

누군가 당신에게 "지금 이 순간 행복하십니까?" 하고 묻는다면 뭐라고 대답하겠습니까? 그런 질문에 "예. 행복합니다." 하고 선뜻 대답할 수 있는 사람이 몇 명이나 될까요?

사람은 누구나 행복하기 원합니다. 희중이와 10년

동안 같이 산행을 한 짝꿍선생님은, 희중이와 손을 잡고 산행하면 내 큰 손 안에 고사리 같은 손가락이 꼬물꼬물거릴 때 일주일간의 피로와 스트레스가 사라지고 행복감이 밀려온다고 합니다. 그 느낌은 절대로 느껴보지 않은 사람은 모를 거라 하실 때, 저 역시도 작은 행복을 느끼고 위로를 받습니다.

몹시 힘든 시간의 연속이지만, 늘 나 자신을 위로합니다. 사는 것이 죽는 것보다는 낫지 않느냐고…. 칼날 위를 걷는 심정이지만, 신의 귀한 선물인 희중이에게 정성과 최선을 다하자고….

먼 훗날 하늘 문이 열리는 그날에, 나는 희중이를 내게 보내주신 그분의 음성을 들을 것이라 확신합니다.

"힘들었지? 수고했다. 그리고 참 잘했다!"

그리고 그 뒤에 서 있던 희중이도 그럴 겁니다.

"엄마가 제 어머니여서 참 행복했어요. 정말 감사합니다."

_ 나는 행복한 엄마
최민준(2001년생, 남)의 엄마

나는 성실하신 부모님의 전폭적인 사랑과 지지를 받으며 성장했습니다. 중등교원이던 나는 휴직원을 제출하고, 유학을 가겠다는 남편을 따라 연년생인 두 아이를 데리고 외국생활을 하게 되었습니다. 그러던 중 아들이 세살 무렵, 양육 환경이 열악해서 발달이 지연되었다는 오진을 받았습니다. 모든 게 엄마 탓이라는 진단 앞에서, 나는 억울했지만 나를 불쌍히 여기는 사람은 아무도 없었습니다. 하나님은 피투성이로 버려진 나를 먼저 찾아오셨고, 나는 예수님을 영접했습니다.

복음서를 통해 '내가 괜찮고 성실한 사람이 아니라 말할 수 없는 죄인'임을 알게 되었고, 내 인생의 기억나는 모든 죄를 통곡하며 회개했습니다. 그때 주님은 빛으로 내게 임하셨습니다. 그 순간 성경의 모든 것이 믿어졌습니다.

그런데 다음날 종합병원에서 반응성 애착장애가 아니라 자폐라는 진단을 받았습니다. 그러나 나는 담대했습니다. 그리스도 안에 들어왔기 때문에 아무런 문제가 되지 않았습니다. 회복 가능한 애착장애 아들은 사랑할 수 없다고 하던 내가, 회복불능인 자폐증 아들은 사랑스럽다고 하니 가족들은 나를 이상하게 보았습니다. 장애보다 더 큰 전능하신 하나님이 나와 함께하신다는 믿음으로 복음 안에서 아들을 새롭게 낳았고 사랑할 수 있게 된 것입니다

그러나 전능하신 하나님을 모신 내 인생길은 대로(大路)가 열린 것이 아니었습니다.

너는 마음을 다하고 뜻을 다하고 힘을 다하여 네 하나님 여호와를 사랑하라 (신 6:5)

이 말씀을 붙잡고 기약 없이 인내해야 하는 시간이 있었습니다. 먹지도 자지도 못하게 하면서 24시간 무등을 태워 달라는 민준이의 사나운 요구를 수개월

동안 들어주어야 했습니다.

그리고 교만하고 이기적인 나를 도움을 구할 수밖에 없는 중증 자폐아의 엄마로 낮춰주셨습니다. 처음에는 그 자리가 정말 아프고 힘들었습니다. 죽는 자리 같았습니다. 그런데 그 자리가 감사와 기쁨의 자리로 바뀌는 걸 경험하게 하셨습니다. 낮고 천한 자리, 멸시받는 자리, 버려진 자리에 예수님이 계시다는 것을 알게 된 것입니다. 겸손을 배우게 하시고, 하나님의 마음을 알게 되는 민준이 엄마의 자리가 얼마나 복된지 조금씩 알아가게 하십니다.

딸아이가 열 살 무렵에 심각한 얼굴로 내게 물었습니다.

"엄마, 내가 만약 … 발달장애아를 낳으면 어떡하지?"

그 순간 나는 담담하게 이야기했습니다.

"음 … 하나님이 부르시는 방법은 각각 다르기는 하지만 … 네게 그런 일이 절대 일어나지 않을 거라고 말할 수는 없겠지. 그런데 정윤아, 네가 보기에 엄마가 행복해 보이니, 불행해 보이니?"

"엄마는 행복해 보여요."

"그럼 발달장애아를 낳아도 아무 문제가 아니잖아? 하나님 안에 있으면 아무것도 두려워할 필요가 없단다."

그 순간 딸아이의 마음에 있던 짐이 내려지는 게 보였습니다. 나는 그날 밤 주님 앞에서 많이 울었습니다. 어린 딸이 얼마나 아프고 힘들었을까? 그 마음이 임해서 울었습니다.

그리고 또 울었습니다. 사람들이 보기에는 심판과 저주로 보이는 장애아 엄마로서의 내 삶을, 내 딸이 보기에는 행복해 보인다고 말합니다. 감사하고 기뻐서 울었습니다. 나를 구원하시고 내가 행복하게 살아가도록 함께하시는 주님께 감사하며 주님을 기뻐했습니다.

아직 민준이는 말을 잘 못합니다. 민준이가 언어 치료를 받으면서 소리내기 가장 쉬운 'ㅁ/ㅂ' 발음을 정확하게 낼 수 있게 되었을 때부터, 나는 민준이에게 세뇌(?)시켜왔습니다.

"민준아, 민준이는 하나님이 주신 무엇?"

이렇게 물으면 민준이는 대답합니다.

"복!!!"

나는 민준이가 영으로 '복'이라는 의미를 알고 있을 거라 믿습니다. 그래서 자신을 사랑하고, 귀하게 여기고, 하나씩 하나씩 해낼 수 있는 자임을 알게 될 거라 믿습니다. 또 민준이가 속한 공동체에서 민준이가 '하나님이 주신 복'이 되어 기쁨과 감사의 통로가 될 것을 믿습니다.

좋으신 하나님은 민준이를 자라나게 하십니다. 어릴 때 사나웠던 모습은 사라졌고 온순하고 밝아졌습니다. 한시도 가만히 있지 못하던 망아지 같은 녀석이 2015년 2월 왕북초등학교를 졸업했습니다. 잘해야 일반학교에서 2학년 정도 버틸 수 있을 거라던 예상과 달리, 의젓하게 학사모를 쓰고 있는 모습이 기특하고 멋집니다.

그 졸업장에는 민준이를 용납하고 품어준 선생님

의 사랑과 친구들의 도움이 고스란히 담겨 있습니다. 다른 이에게는 평범한 졸업장이지만, 민준이에게는 하나님의 사랑과 은혜가 녹아 있는 빛나는 졸업장입니다.

민준이가 할 수 있는 것들이 생겨나고 있습니다. 깊은 물에 들어가는 데만 3년이 걸렸는데, 이제는 수영대회에서 좋은 성적을 내고 있습니다. 아직 말하는 것도 어렵고 글도 악보도 모르지만, 온 몸으로 익혀 동요 "비행기"를 색소폰으로 연주할 수 있게 되었습니다. 2014년 밀알천사 가족행사의 첫 무대에 서기도 했습니다. 보잘것없는 작고 작은 연주에도 뜨거운 응원과 격려를 보내준 밀알천사 가족들이 더없이 고마웠습니다. 성실하게 배우며 조금씩 진보하고 있는 내 아들 민준이가 많이 사랑스럽고 기특합니다.

특별히 민준이를 통하여 밀알천사 가족이 되어 만남의 복을 누리고 있음을 고백합니다. 천사들을 사랑하는 일에 특별한 마음을 받아 섬기고 계신 남 대장님 가족에게 더없이 감사한 마음입니다. 내 아이한 명 돌보는 것도 쉽지 않은데, 묵묵히 20년간 산행을 이어오며 천사들의 성장과 자립을 위해 아낌없이 헌신하는 그 모습을 우리 가족도 조금이나마 배울 수 있길 소망합니다.

_토요일 오후의 작은 천국
송종화(1998년생, 남)의 엄마

처음 종화가 밀알산행에 참여한 것은 여섯 살 꼬마였을 때입니다. 지금 열여덟 소년으로 훌쩍 자랐으니 종화의 산행 경력도 어느덧 10년이 넘었습니다. 처음에는 너무 어리고 약해서 짝꿍선생님이 목말을 태워 청계산을 오르내렸는데, 지금은 처음 온 짝꿍선생님을 안내해 주는 베테랑이 되었습니다. 이렇게 종화가 성장한 것은 산행을 인도해 주신 대장님과 여러 짝꿍선생님들 덕분입니다. 종화와 내게 있어 밀알산행의 의미를 생각해 보았습니다.

밀알산행은 발달장애아 부모들이 마음속에 바라는 작은 천국이 현실에서 이뤄지는 공간입니다. 산행하는 시간만큼은 발달장애인과 비장애인 사이의 장벽이 사라지고, 공동의 목표를 향해 함께 나아가는 동료가 됩니다.

천국에서 예수님이 우리 아이들을 다른 사람들과 차별하지 않고 동등하게 받아주시듯, 산행 중 우리 아이들은 다른 사람들과 동등합니다. 산행하는 동안 정직한 땀을 흘려서 결국은 동일한 정상에 오르는 것처럼, 언젠가는 우리 아이들도 천국에서 동일한 구원을 얻으리라 믿습니다. 우리 아이들과 일반 아이들의 차이가 사라지는 밀알산행을 통해 우리 가정은 위로를 받습니다.

밀알산행은 우리 아이들에게 새로운 산(山)엄마와 산아빠 그리고 산형제와 산자매를 만들어주는 공간입니다. 때로는 친엄마와 친아빠 그리고 친형제와 친자매가 할 수 없는 역할을 산가족들은 기꺼이 맡아줍니다.

집에서는 우리가 볼 수 없었던 우리 아이들의 사랑스러움과 듬직함을 산가족들이 발견하고 칭찬하고 격려해 줍니다. 애정 가득한 시선으로 보살펴주고, 때로는 훈육하시는 산가족은 정말 살아있는 가족입니다.

스마트폰 '밴드'의 사진 속에 담긴 따스한 시선과 글을 볼 때마다 고마움을 느낍니다. 나중에는 우리가 없어도 산가족 같은 분들이 새로운 가족 공동체에서 우리 아이들을 돌봐주실 것을 기대하게 됩니다.

밀알산행은 엄마들에게는 휴식입니다. 든든한 산가족들이 우리 아이들과 동행해 주시기에 그 시간만큼은 엄마들이 한숨 돌리고, 종화 엄마가 아닌 정정아가 될 수 있습니다. 엄마들이 자신의 정체성을 찾을 수 있는 매주 토요일에 찾아오는 재충전의 시간입니다.

나를 찾게 되면 종화와 다른 가족을 섬길 수 있는 에너지를 충전하게 됩니다. 그리고 산행에 참여하는 아빠들은 엄마들의 한숨을 이해하고, 엄마들에게 인정받는 가장이 되는 기회를 갖게 됩니다.

밀알산행은 우리 아이들을 이해하고 변호하는 중보자를 양성하는 공간입니다. 한 번이라도 우리 아이들을 섬기고 가신 분들은 우리 아이들이 지하철에서 소리 지르고 마트에서 껑충껑충 뛰어다녀도 크게 놀라지 않으십니다. 도리어 다른 동료들에게 우리 아이들의 상황과 부모들의 아픔을 대신 전해 주십니다. 그래서 다녀가신 짝꿍선생님 한 분 한 분이 참으로 소중합니다.

자욱한 습기로 숨이 턱턱 막혀오는 소나기 지나가는 여름날에도, 저물어가는 해에 산의 냉기가 손의 감각을 무디게 하는 겨울날에도, 변함없이 우리 아이들을 섬겨주신 한 분 한 분께 감사드립니다. 비록 우리 아이들이 여러분의 선행을 보상해 줄 수 없고, 때로는 누군지도 잘 기억하지 못할지라도, 영접하여 섬겨주신 그 선행을 잊지 않고 기억해 주시는 분이 계시리라고 생각합니다.

누구든지 내 이름으로 이런 어린 아이 하나를 영접
하면 곧 나를 영접함이요 누구든지 나를 영접하면
나를 영접함이 아니요 나를 보내신 이를 영접함이
니라 (막 9:37)

_ 내 안에 있는 생명

남범선(1982년생, 남)의 엄마

아들이 있는 자에게는 생명이 있고 하나님의 아들
이 없는 자에게는 생명이 없느니라 (요일 5:12)

하나님의 아들 예수를 믿으면 하나님의 생명이
내 안에 있는 것이고, 아들이 없으면 영생은 없다는
성경말씀입니다.

내 안에는 하나님의 아들이 있음
을 고백합니다. 그래서 장애를 가진
아들 범선이를 키울 수 있었습니다.
범선이를 키운다는 것은 내 힘으로는 안 되는 일이었

기에 누군가의 힘으로 키워야 했습니다. 그 힘은 바로 하나님의 아들 예수님으로부터 나왔습니다.

범선이는 특별한 은총이었습니다. 내게 하나님의 아들 예수님을 알게 한 근본이기 때문입니다. 내 아이가 자폐증이라는 장애의 문제는 이 땅에서 살 수 없을 정도의 극한적 고통이었습니다. 그러한 극한 상황이 결국 영적 세계로 눈이 열리는 계기가 되었습니다.

영적 세계의 눈이 열려 하나님의 아들을 보게 되자, 또 다른 차원의 충격이 내게 다가왔습니다. 하나님의 아들이 내가 알지 못하는 때에 나를 위하여 십자가에 죽으셨다는 것입니다. 나는 내가 본질적 죄인임을 알게 되었고, 그분 앞에 심히 통곡했습니다. 나는 회개하여 구원을 얻었고, 마음에 평화와 환희를 얻을 수 있었습니다.

그러자 범선이의 장애 문제는 이전과 같은 고통의 크기가 아니었습니다. 점차 고통은 약화되어 받아들일 수 있게 되었습니다. 범선이가 아무리 장애가 있다 하더라도 그건 땅의 문제입니다. 날마다 하나님을 만나면서 예수 믿는 기쁨으로 인해 범선이로 인한 고통은 그냥 삼켜져버리기 시작했습니다. 기적이었습니다.

그러나 범선이에게 매우 미안했습니다. 나를 구원하기 위하여 하나님의 아들 예수님은 피 값을 치렀고, 내 아들은 장애 값을 치러야 했던 것입니다. 나는 또 몸부림치며 울었습니다. 그때부터 범선이를 위하여 일생을 드려 갚기로 마음먹었습니다.

무엇을 하면 범선이에게 가장 도움이 될까 생각했는데, 그것은 무엇을 하면 하나님이 기뻐하실까와 같은 문제임을 깨달았습니다. 나는 날마다 분초를 세어가며 그분 앞에 서기 시작했습니다. 한 인격에 장애가 있는데, 이를 고친다는 것은 정말 불가능해 보이는 일이었습니다. 나는 제일 먼저 무엇을 해야 하는지 물었습니다.

범선이의 변화를 이루기 위해 우선 엄마인 나부터 변해야겠다고 생각했습니다. 정말 이전의 내가 죽고 새로운 내가 될 때마다 범선이도 새로워지는 모습을 볼 수 있었습니다. 이런 과정은 지속적이고도 아주 힘겨운 과정이었습니다. 새로운 나를 창조해가는 과정이었기 때문입니다.

이를 통해 믿음의 기쁨이 커서 고난을 능히 감당했고, 30년의 세월을 지낼 수 있었습니다. 나는 범선이가 어렸을 때는 이런 변화가 있을 것이라고 그려본 적이 없습니다. 앞으로는 더 빠른 속도로 변할지 모릅니다.

지금 범선이는 서른네 살입니다. 범선이가 스물 여섯이 될 때까지 물 위에서 산 것처럼 나는 아슬아슬한 삶을 살았습니다. 그러나 지금은 미래를 어떻게 열어갈 것인지를 고민하는 그런 단계에 와 있습니다. 요즘엔 이해력도 상당히 좋아지고 있습니다. 그래서 이제는 개념과 지식이 열리기를 기도하고 있습니다. 지식에 따라 스스로 훨씬 더 잘 통제해 나갈 수 있기 때문입니다.

그러나 새로운 시도를 할 때마다 마음의 안정이

흔들리며 힘겨워합니다. 그럴 때 엄마로서 얼마나 불쌍한지 이루 말할 수 없습니다. 기도하다가 아들의 불쌍함 때문에 얼마나 우는지 스스로 새삼 놀라곤 합니다. 내가 정말 깊이 아들을 사랑하고 있다는 사실에 감사하며, 울면서도 마음은 기쁩니다. 범선이를 치료하는 길은 무엇보다도 마음에 사랑이 있어야 하기 때문입니다. 아들도 사랑해야 하지만 사람을 사랑할 줄 아는 인격이 되어야 하기 때문에 전심으로 기도합니다.

나는 내 아들과 이 땅에서만 함께하고 싶지 않습니다. 영원히 함께 살고 싶습니다. 천국에서는 장애가 없어진 형태로 함께 살게 될 것입니다. 그것이 정말이지 말할 수 없이 좋습니다. 천국에서는 범선이의 장애가 없어지리라 믿기에 더욱 열심히 치유의 노력을 합니다. 낫는 걸 믿는 자가 더욱 낫기를 힘쓰는 것입니다.

아들 범선으로 인해 이 땅의 장애가족에게 복음이 전파되고 구원이 임하게 된 것을 기뻐합니다. 그간 해온 선한 사업으로 장애친구들이 일할 수 있어서 정말 기쁩니다. 앞으로는 더욱 힘쓸 것입니다. 더 많은 장애가족이 예수님을 알게 되고, 더 많은 장애친구들이 범선이와 같이 일할 수 있는 행복을 누리도록 도울 것입니다. 이 일은 우리 가족이 죽을 때까지 이루어야 할 사명입니다.

물론 그 사랑이 쉽지만은 않습니다. 사랑은 하나님이 하시는 일이기 때문입니다. 하나님은 당신의 아들을 인간이 되게 하시고, 죽음과 부활을 통해 '영'이 되어 우리 안에 들어오게 하셨습니다. 내가 범선이를 사랑하려면 나도 죽어야 하고, 부활하여 '영'이 되어 범선이에게 들어가야 합니다.

하나님의 아들인 예수가 생명이듯 내 아들 범선이도 내 생명입니다. 진실하지 않으면 안 됩니다. 오직 믿음으로 살지 않으면 범선이의 영은 탄식할 것입니다. 이 땅에서 장애를 입고 사는데 그 장애가 헛되지 않게 엄마인 내가 산다면, 그 영은 위로받을 것입니다. 나는 범선이를 사랑합니다. 하나님께 영광 돌리는 삶을 살겠습니다.

_ 행복의 비밀

김준환(1996년생, 남)의 엄마

우리 준환이가 엄마 아빠에게 온 지 어느덧 열여섯 해가 되었구나! 그동안 이렇게 건강하고 예쁘게 잘 자라주어 정말 고맙다. 너도 커오면서 고생이 참 많았지?

서울에서 태어나 1년도 안 되어 홍성으로, 일본으로, 대전으로, 여주로, 미국으로, 그리고 다시 서울로…. 여러 번 낯선 곳으로 이사 다니면서 적응하느라 얼마나 힘들었을까 생각하니 몹시 미안하고 가슴이 아프구나. 네게 편안하고 좋은 환경을 만들어주지 못했던 게 정말 미안하단다.

사실 엄마도 네 장애를 알고 난 후 엄마의 어렸을 때부터 꿈이던 교사도 그만두고 힘든 시간을 보내야

했어. 제대로 잠을 잘 수도 없고 제대로 쉬지도 못하며 하루 종일 너를 돌봐야 했지. 너는 잠깐이라도 눈을 뗄 수 없을 정도로 바쁜 아이였고, 순식간에 사라져버리는 날쌘 아이였거든. 네가 가고 싶은 곳으로 마음대로 혼자 가버리면 엄마는 울면서 너를 찾아 몇 시간씩 헤매곤 했지. 그래서 엄마는 왜 내게 이렇게 감당하기 어려운 아이를 주셨느냐고 하나님께 울면서 불평도 많이 했어.

네가 네 살 때던가? 너를 돌보는 것이 하도 힘들고 마음이 아파서, 엄마는 "하나님, 저는 도저히 이 아이를 감당할 자신이 없으니 고쳐주시든지 아니면 차라리 데려가주세요."라고 울부짖는 기도도 했단다.

그런데 그로부터 두 달도 못 되어 어린이날 네가 공원 연못에 빠지는 사고를 당했고, 구사일생으로 너를 구해서 집으로 오는 길에 엄마는 한없이 울기만 했지. '우리 준환이가 세상에 없다면…' 하고 생각하니 엄마는 도저히 살아갈 수가 없더구나.

그 후로 엄마는 하나님께 '이대로도 좋사오니…'

하면서 네가 건강하고 예쁘게 살아있는 것만으로도 감사하게 되었단다. 네가 엄마에게 얼마나 소중한 존재인지 깨닫게 된 거야. 그 후로 다시는 그런 어리석은 기도는 하지 않았단다. 소중한 너를 잘 키울 수 있게 도와달라는 기도로 바뀌었지.

그 후로 엄마는 하나님의 사랑을 알게 되었고, 예수님을 엄마 인생의 주인으로 모셨을 때, 엄마는 이해할 수 없는 평안과 기쁨을 맛보았단다. 그리고 엄마가 너를 축복하며 찬양하고, 너를 안고 기도하며 감사하기 시작했을 때, 네 불안하던 표정도 평안해지는 것을 느꼈단다.

네가 어떤 존재인지 날마다 말해 주고 노래로 가르쳐주었지. "너는 하나님의 선물" "너는 택한 족속이요, 왕 같은 제사장이며, 거룩한 나라 하나님의 소유된 백성…."

그러던 어느 날 듣기만 하던 네가 엄마가 부르는 찬양과 주기도문, 사도신경 그리고 엄마가 가장 좋아하던 시편 23편을 외우는 것을 보고 엄마는 깜짝 놀랐단다. "여호와는 나의 목자시니 내게 부족함이 없으리로다…" 너와 함께 찬양하고 기도할 수 있어서 얼마나 기쁘고 감사했는지 몰라.

그러다가 네가 초등학교 4학년 때 우리에게 가장 힘든 시간이 찾아왔지. 무슨 이유인지 너는 계속 울고 화내고 강박과 집착을 보였고, 너 때문에 네 형과 주변 사람들이 힘들어하는 모습을 보면서, 엄마는 '앞으로 너와 계속 같이 살 수 있을까?' 하는 생각을 처음으로 해보기도 했단다. 힘든 시간이 끝나지 않을 것 같은 두려움이 몰려왔지.

그때 엄마가 할 수 있는 일은 약속의 말씀을 붙잡고 기도하는 것밖에 없었단다. 성경말씀을 통하여 네 영과 육과 혼이 치료받기를 간절히 바라는 마음으로, 매일 네게 쓰게 했던 성경쓰기를 컴퓨터 타자로 치도록 바꾸었지. 네가 연필로 쓰는 것보다 짜증을 덜 냈거든.

성경쓰기가 끝나고 '야후꾸러기'를 할 수 있어서 좋았지? 힘들어도 포기하지 않고 한 자 한 자 타자로 쳐서 성경쓰기를 한 지 4년 만에 신약성경이 완성되었고, 아빠가 직접 책으로 만들어서 너를 그토록 사랑해 주시며 6년 넘게 토요일마다 너와 함께 청계산 산행을 해주신 짝꿍 정양기 아저씨께 선물로 드렸을 때, 엄마는 정말 감격스러웠단다.

아무것도 할 수 없을 줄 알았던 너를 통해 하나님께 영광 돌려드릴 수 있게 된 것 같아서였지. 네가 쓴 성경책을 통해 아저씨도 예수님 만날 수 있기를 간절히 바라며 함께 기도했지. 네가 얼마나 고맙고 자랑스러웠는지 모른단다. 지난날을 돌아보니 모든 것이 하나님의 은혜였다는 생각이 든단다.

무척 바쁘고 산만했던 아이, 의사소통도 잘 안 되고 눈 맞춤도 어려웠던 아이, 예배시간마다 돌아다니고 종종 없어져 찾아 헤매게 만들던 아이, 화가 폭발하면 주변 사람을 물고 할퀴던 터프한 아이였던 네가, 지금은 학교에 혼자서 등교하고 엄마 어깨를 주물러주며 집안일도 도와주는 효자가 되었구나! 무엇보다 네가 의젓한 모습으로 예배드리고 성경쓰기와 찬양과 기도하는 것을 기뻐하는 예배자가 된 것이 가장 기쁘단다.

성경 구약도 다 썼고 오늘 드디어 세례도 받았구나! 정말 축하한다! 세례받을 때 기뻐하며 좋아하던 네 모습을 보며 우리도 모두 기뻤단다. 주님도 기쁘셨을 거야.

준환아, 너는 정말 사랑받기 위해 태어난 사람이란다. 많은 분들이 너를 위해 기도해 주시고 사랑해 주시니 얼마나 감사한지 몰라. 너도 그 많은 사랑 다 마음속에 간직하고 있지? 네가 받은 사랑을 다른 사람들에게도 전할 수 있는 축복의 통로가 되기를 기도하고 기대한다. 여기까지 인도하신 하나님께서 앞으로도 가장 좋은 길로 이끄실 것을 믿기에 오늘도 감사와 평강 속에서 너를 바라본다.

엄마는, 너를 지으시고 사랑하신 하나님께서 생각하고 생각하시다가, 너를 엄마 아빠에게 보내신 것이라고 믿는다. 하나님만 의지하는 복된 길로 가기 위해, 네가 엄마 아빠에게 꼭 필요한 선물이었음을 깨닫게 되었단다.

엄마는 이제 너를 통해 참사랑을 더 알아가고 배워가고 있는 중이란다. 조건 없이 주기만 하는 사랑, 낭비하는 사랑, 오래 참고 온유한 사랑, 있는 모습 그대로를 사랑하는 따뜻한 사랑, 모든 것을 다 주고도 더 주고 싶은 바보 같은 사랑, 예수님의 사랑을….

사건 사고 없는 평범한 하루가 얼마나 감사하고 기적 같은 일인지도 알게 되었고, 너를 통해 주어진 많은 감사들을 발견해가는 기쁨을 맛보며, 사랑하게 된 아름다운 사람들 때문에 감동하며, 우리의 삶 속에 베풀어주신 하나님의 은혜 때문에 감사하단다.

오늘이라는 선물 속에 감사를 가르쳐주고, 작은 것에 감사할 수 있는 행복의 비밀을 깨닫게 해준 특별한 아들 덕분에 엄마는 지금 행복하단다. 사랑한다. 고마운 아들 김준환….

세린이의 봄

오세린(1997년생, 여)의 엄마

내게는 아주 예쁜 딸아이가 있습니다. 보아도 보지 못하고 들어도 듣지 못하는 특별한 아이입니다.

혼자서 말은 하지만 대화를 나눌 수는 없습니다. 세상 사람들은 이런 우리 아이를 발달장애아 또는 자폐 라고 말하며, 이리저리 굴러다니지만 줍지 않는 한 므나처럼 쓸모없이 버려진 동전으로 생각합니다.

나는 15년을 정성과 사랑으로 인내하며 키워왔습니다. 하지만 좋은 것을 주려고 해도 오히려 무섭게 소리 지르고, 필요한 것이 있을 때는 막무가내로 요구하고, 얻고 나면 언제 그랬냐는 듯이 다시 자기 자리로 돌아갑니다. 자기 뜻대로 되지 않을 땐 시퍼렇게 피멍이 들 정도로 자신의 몸을 때려 결국 엄마를 굴복시키고 맙니다. 그래도 사랑스러워 한번 안아보려고 하면 무엇이 그렇게 두려운지 편안하게 안기

지도 못합니다.

그런데 이런 우리 아이의 모습이 하나님 앞의 바로 내 모습이었습니다. 아버지는 크신 사랑으로 40년 동안 날 기다렸지만, 난 아버지의 마음과 사랑엔 관심이 없었습니다. 38년 된 병자처럼 상황을 탓하며, 나는 못 한다 힘들다 주저앉아 소리 지르다가도, 한편으론 내가 할 수 있다 내가 해보겠다며 고집을 피우기도 했습니다. 내 뜻과 다르거나 이해할 수 없을 땐 분노를 쏟아내며 내 옳음을 주장하기도 했습니다.

하지만 이런 날 포기하지 않으시고 구원하기 위해 나와 같은 세린이를 보내주셨습니다. 그래서 난 우리 아이의 장애가 매우 귀합니다. 내 모습을 보게 하고, 엄마와 사랑하는 사람들의 생명을 구원하기 위해 입혀주신 값진 장애임을 알고 있기 때문입니다.

나는 많은 시간이 흐른 뒤에야 아이의 장애를 받아들였습니다. 하지만 이젠 포기나 절망이 아닌 기대와 소망을 가지고 있습니다. 한 므나처럼 작고 보잘것없지만, 남의 도움 없인 혼자 할 수 있는 것이 거의 없지만, 나와 세린이에게 예수의 생명이 있고 예수 그리스도의 보혈이 흐르고 있기에, 할 수 있는 자로 살아갈 수 있습니다.

오늘도 세린이는 엄마의 사랑과 믿음을 먹고, 하나님의 은혜 안에서 자신과 힘겹게 싸우며 조심스럽게 한 발을 내딛습니다. 세린이에게 봄이 찾아오는 것 같습니다. 긴 어둠을 뚫고 생명이 싹트는 소리가 조금씩 들리기 시작합니다.

아이의 혼란스러움이 서서히 걷히면서 엄마의 말에 귀를 기울이고, 이해하고 받아들이려 애쓰는 움직임이 시작되었습니다. 새로운 상황이 낯설고 무섭지만 "선생님이랑 같이 하면 안 무서워." 하고 중얼거리며, 엄마의 말을 의지해 자신의 마음을 다스리려 노력합니다.

이런 모습이 세상 사람들에게는 무의미하고 무가치할지라도, 이 작은 변화가 내겐 큰 감사이고 축복입니다. 난 이제 한 므나가 열 므나가 되는 큰 은혜를 기대하고 소망합니다. 자폐아 세린이 아닌 하나님의 얼굴로, 하나님의 몸짓으로, 하나님의 빛을 영광스럽게 드러내는 예수 세린으로, 아름답게 변화되고 성장할 것을 기대합니다.

아무것도 할 수 없었던 나와 세린이가 예수의 생명으로 새롭게 거듭나, 그 은혜 안에서 할 수 있는 자로 살아가게 하시니 감사합니다. 이 모든 감사와 영광을 하나님께 올려드립니다.

짝꿍들의 이야기

_ 섬김보다 위대한 것
배송영의 짝꿍 양홍석

　　2년 전 어느 봄날입니다. 우리 집 심방을 오신 목사님과 이런저런 이야기를 나누던 중 목사님의 아들이 자폐아인 것을 알게 됐습니다. 나는 그 자리에서 밀알천사 청계산 산행 모임을 소개하며 아들을 산행에 보내주실 것을 권유했습니다. 그리고 그 주 토요일에 송영이를 교회 마당에서 처음 만났습니다.

"양 집사님, 우리 송영이가 다른 아이들과는 조금 다릅니다. 산행을 잘할지 걱정입니다." 근심 가득한 얼굴의 목사님에게 "걱정하지 마세요. 제가 하루 이틀 한 산행이 아니니 크게 문제는 없을 겁니다."라고 말씀드리고 송영이를 차 뒷좌석에 앉히고 산을 향해 출발했습니다.

봄날의 차안은 더웠고, 송영이는 차창을 열더니 갑자기 신고 있던 신발을 밖으로 획 던져버렸습니다. '아니 이게 무슨 일이야.' 나는 깜짝 놀랐습니다. 다행히 신호등이 빨간불로 바뀌는 중이어서 차를 세울 수 있었고, 뒤 차 운전자들에게 양해를 구하고 급히 신발을 주워왔습니다.

마음을 진정하고 돌발 사태를 수습하기 위해 다시 차를 길가에 세웠습니다. 신발을 신기기 위해 차의 뒷문을 열려고 했으나, 송영이가 차안에서 도어록을 꼭 누르고 있어서 문을 열 수가 없었습니다. 이것 역시 생각지 못한 일이었습니다.

우여곡절 끝에 열린 창문을 통해 간신히 문을 열

수 있었고, 신지 않겠다는 신발을 힘들게 신기고는 또다시 돌발상황이 일어나는 걸 막기 위해 창문을 고정시켰습니다. 송영이는 무엇이 마음에 들지 않았는지 차안에서 계속 쿵쾅거리며 발길질을 했고, 괴성에 가까운 고함을 질렀습니다. 나는 그 소리를 들으며 어렵게 어렵게 청계산에 도착했습니다.

만만치 않은 송영이와의 첫 산행은 그렇게 시작되었습니다. 그 후로도 산행 때마다 재미난 일이 많이 있었지만, 2년이 지난 지금은 송영이가 누구보다도 멋있고 씩씩하게 청계산에 오릅니다.

산행을 위해 송영이를 데리러 갈 때마다 고맙다고 말씀하시는 목사님을 뵙습니다. 그 말씀을 들을 때마다 정작 고마워해야 할 사람은 나라고 생각합니다. 산행을 통해서 건강도 얻을 수 있고, 무엇보다 좋은 일, 착한 일, 어려운 일, 남이 하지 못하는 일을 한다고 칭찬도 들을 수 있습니다. 봉사의 즐거움도 얻을 수 있습니다. 게다가 훌륭한 짝꿍선생님들도 만날 수 있습니다. 그리고 무엇보다도 좋은 것은 많은 배움을 얻는다는 것입니다. 가정, 학교, 교회, 직장 그리고 사회에서 얻지 못하는 배움이 천사들과의 산행에 모두 있습니다.

밀알천사 산행에서 얻는 배움이야말로 하나님이 주시는 커다란 선물이라고 생각합니다. 이기적인 나를 위하여 하늘에서 주시는 선물입니다. 그리고 산행에서 나를 가르치시는 또 다른 선생님이 계십니다. 많은 밀알천사의 부모님이 내게는 고매한 성품의 훌륭한 선생님입니다. 내게 알게 모르게 큰 가르침을 주십니다. 부모님들의 일거수일투족은 내게 아름다운 가르침이 되고 있습니다. 분명히 그분들 모두 하나님이 이 세상에 보내주신 천사라고 나는 믿고 있습니다.

마틴 루터 킹 목사는 말 했습니다

누구나 유명하게 될 수는 없다.
그러나 누구나 위대해질 수 있다.
남을 섬기면 위대하게 될 수 있다.

대학 졸업장이 없어도 섬길 수 있다.

아리스토텔레스, 플라톤을 몰라도 섬길 수 있다.

은혜로 충만한 가슴과

사랑으로 자라는 영혼만 있으면

여러분은 누구나 섬길 수 있으며 위대해질 수 있다.

이 글을 처음 본 순간, 나도 조금은 위대해질 수 있겠다는 건방진 생각을 했습니다. 그러나 지금은 그렇지 않습니다. 섬김의 행동만으로 진정 위대한 사람이 되기는 부족합니다. 다른 사람을 섬기는 일은 조그만 노력과 정성이 있으면 누구나 할 수 있는 일이라고 생각합니다.

그러나 섬김보다 더 실천하기 어려운 것이 있습니다. 바로 무한사랑이라고 할까요. 섬김을 넘어서는 무한사랑을 행하는 사람만이 진정 위대해질 수 있다고 나는 생각하게 되었습니다.

이렇게 말로 표현하기도 어려운 섬김 이상의 훌륭한 일을 하루도 빠짐없이, 아니 한 순간도 빠짐없이 실천하는 천사들의 부모님을 나는 늘 만나고 있습니다. 하나님이 이 세상에 보내주신 천사들과 매주 만나는 기쁨을 누리고 있는 것입니다. 이러한 만남, 산행에서 얻는 모든 것이 내게는 커다란 가르침입니다. 이 가르침의 대가로 무엇을 드려야 할지 모르겠습니다. 감사할 뿐입니다. 위대함보다 더 크고 아름답고 귀한 일을 하는 우리의 천사들을 하나님이 따사로운 손길로 어루만져주시고 지켜주시기를 항상 기도합니다.

_ 밀알천사는 나의 비타민
정성현의 짝꿍 조남석

  밀알천사들의 아름다운 산행이 시작된 지 벌써 20년이 되었습니다. 하긴 내가 산행에 처음 동참한 게 2004년 7월쯤이니, 벌서 10년이 훌쩍 지났네요. 2001년 말경에 다니던 직장을 그만두고 새로 사업을 시작한 지 얼마 되지 않은 무렵, 직장생활 할 땐 하지

못했던 새로운 뭔가를 찾고 있었는데 마침 고교동문
의 권유로 청계산 산행을 시작하게 되었습니다.

첫 산행 때 고교 1년 선배인 남기
철 대장을 처음 만났습니다. 고교시절
유도부 주장으로 카리스마 넘치던, 후
배들에겐 지나친 후배사랑으로 악명(?)
높은 주인공이었습니다.

청계산 버스정류장에서 처음 대면했을 때 지금
보다 훨씬 무뚝뚝한 표정으로 민승전 군 짝꿍을 맺
어주었습니다. 첫날 산행치고는 만만한 상대가 아니
었지요. 승전이는 유난히 끈을 좋아했습니다. 산행
할 때 그 끈으로 유도해야만 힘겹게 쫓아 올라올 만
큼 늘 뒤처져 올랐습니다. 다른 천사들에 비해 산행
이 많이 서툴렀지요. 그럼에도 첫 산행인 내게 짝꿍
으로서의 책임을 맡긴 것은, 지금 돌이켜 생각해 보
면 내가 과연 감내할 수 있을지 소위 '간을 본 것' 같
습니다.

남기철 선배는 항상 맨 뒤에서 따라오면서 독려

하고 관리하면서도, 나랑 승전이가 같이 갈 수 있도록 유도하곤 했습니다. 그렇게 쉽지 않게 첫 산행을 시작했습니다.

머리카락을 뜯어서 항상 까까머리로 다녔던 민승전 군과 서로 교감할 수 있게 될 즈음, 어느 날부턴가 청계산에서는 더 이상 승전 군의 모습을 볼 수가 없었습니다. 나중에 알았지만 집안 사정이 있어 시설로 갔다는 이야기를 들었을 땐 가슴이 많이 아팠습니다.

그리고 내가 산행을 시작한 첫해 겨울, 지금은 에이스 중 에이스로 성장한 김정우 군과 몇 번 짝꿍으로 동행했습니다. 유난히 눈사람에 집착하면서 좋아했고, 자기가 싸온 간식 건드리는 것을 절대 용납하지 않는 만만치 않은 아이였지요. 그랬던 정우가 지금은 동생들 손을 잡고 이끌 만큼 아주 의젓한 청년으로 변모했습니다. 참으로 기특하고 뿌듯하기 그지없습니다.

그렇게 특정 천사가 정해지지 않은 상태에서 몇 개월이 지난 후, 마침내 남기철 대장이 최정석 군을 전담 짝꿍으로 맺어주었습니다. 정석이는 내가 하는 행동을 그대로 따라하는 '따라쟁이'였는데, 아주 귀엽고 씩씩하게 산행을 잘했습니다. 거의 5년여를 같이 하다 보니 나랑 닮아간다고 사람들이 이야기할 즈음, 어느 날부터인가 나오지 않아 더 이상 못 보게 되었습니다.

그리고 얼마 지나지 않아 정성현 군과 짝꿍이 되었습니다. 성현이는 처음 올라가는 산행에서는 조금 뒤처지긴 했지만, 처음부터 아주 온순하고 순수한 아이였습니다. 지금은 100대 명산을 등정한다고 한라산, 용문산 등을 다닐 만큼 아주 의젓하고 명랑한 모범생으로 잘 자랐습니다. 요즘은 성현이가 아무하고나 잘 어울릴 만큼 사회성이 좋아져서인지 계속 새로운 짝꿍선생님들과 동행하는 바람에, 내가 성현이 짝꿍 되기가 쉽지 않네요.

최근에는 이준명 선배나 오상효 국장과 오랫동안 짝꿍했던 한호인 군과 자주 동행하곤 하지요. 호인이는 시끄럽고 복잡한 걸 싫어해서 그때그때 산행코스를 달리하면서 나름의 호연지기를 쌓고 있습니다. 덕분에 새로운 산행코스를 많이 익히고 있는 중입니다.

이렇게 10여 년을 같이하다 보니 밀알천사들은 내게 없어서는 안 될 비타민 같은 존재가 되었습니다. 내 삶에 없어서는 안 되는 활력을 선사하는 귀한 존재가 되었습니다. 밀알천사들과의 산행은 천사들과 교감하고, 맑은 공기와 자연을 만끽하고, 너그러운 짝꿍선생님들과 즐거운 담소를 나누는, 요즘에는 천사들의 부모님과도 소통하는 무척이나 즐겁고 행복한 일들로 가득합니다.

추운 겨울날 천사들의 손을 맞잡으면 그야말로 손난로 같습니다. 천사들의 예쁜 손을 통해 가슴까지 절절이 다가오는 따스함은 그 자체가 행복입니다. 또 천사들이 산행을 통해 육체적 정신적으로 성숙해가는 모습을 볼 때마다 큰 기쁨과 보람을 느끼곤 합니다.

돌이켜보면 내가 10여 년 전 청계산 산행을 처음 시작할 때만 해도 짝꿍선생님들이 학교동문이나 교회식구 아니면 몇몇 지인들이 참석해 구성멤버가 비교적 단순하였고, 천사들도 거의 고정인원이었습니다. 그런데 해를 거듭하면서 짝꿍선생님들의 인적 구성이 다양해졌고, 새로운 천사들도 많이 참여하게 되었습니다. 이렇게 밀알천사 산행은 계속 발전하고 있습니다. 사랑의 바이러스가 계속 전염되어 확산되고 발전 중인 것 같습니다.

주변 시선도 처음에는 다소 어색하고 불편했으며, 심지어는 심한 편견으로 우리를 곤경에 처하게 하는 경우도 종종 있었습니다. 그러나 지금은 많은 이들이 따뜻한 시선으로 응원해 주고 참여하기까지 하는 변화의 바람이 불고 있습니다.

이 모든 것이 리더의 바른 생각과 더불어 가족들과 짝꿍선생님들을 망라한 모든 구성원들의 헌신과 열정이 있기에 가능한 것이 아닌가 생각해 봅니다. 가끔씩 구성원들의 대화에서 느껴지는데, 애정과 열정이 참으로 대단하다는 생각이 듭니다.

바라기는 앞으로의 10년도 건강과 열정이 충만

하여, 밀알천사들과 동행할 수 있기를 간절히 소망해 봅니다. 앞으로 10년 후에는 어떤 모습으로 우리의 밀알천사 산행이 변해 있을지 벌써부터 기대됩니다. 분명히 내가 상상하지 못할 만큼 아주 멋진 모습으로 변해 있을 거라 확신합니다. 영원하라! 밀알천사여!!

_ 이야기내고과 이야기
윤수진 원장

밀알천사를 만나게 된 지 어언 10여 년, 내겐 다소 충격으로 시작된 만남이었지만, 이후 말할 수 없는 안타까움과 가누지 못할 기쁨이 교차되며, 감사하게도 날로 더욱 풍성해지는 은혜의 쉼터가 되어왔음을 고백하지 않을 수 없습니다.

2001년, 새로 이사 온 동네에서 섬길 교회를 찾고 있었습니다. 집 가까이 있는 남서울은혜교회에 나간 첫 날, 예배가 시작되고 찬송가를 부르는데 하도 조용해 주변을 둘러보았습니다. 다들 입만 뻥긋 손짓만 하는데 그토록 기쁜 표정들, 그야말로 감사가 우러나오는 얼굴이었습니다.

'아 … 들을 수 없는 분들이 온몸으로 진정한 예배를 드리는구나.'

언젠가부터 기쁨도 감사도 잊고 그저 나만 옳은 줄 알고, 주님께도 이웃에게도 소리만 질러대며 살아온 내 모습이 생각나 한없이 부끄러움이 몰려오면서 예배 내내 울음을 그칠 수 없었습니다. 그리고 학창시절 다리를 다쳐서 잠시 목발을 짚고 다녔을 때 스치듯 기도했던 내 모습도 떠올랐습니다. "주님, 나중에 제가 크면 장애로 불편한 분들을 조금이라도 도울 수 있도록 저를 써주세요." 세월 속에서 까맣게 잊어버린 기도제목이었습니다.

감동의 첫 예배를 드리고 며칠 뒤 남서울은혜교회 장애우 부서를 찾아갔습니다. 겁 없이 장애우 교사를 자원한 것입니다.

"힘들 텐데요?"

염려의 눈빛으로 나를 보시더니 남기철 부장집사님은 한 아이의 짝꿍을 맡겨주셨습니다.

'그래도 교회 다닌 지 30년, 아픈 사람 만나온 7년차 의사인데, 어린아이 한 명 예배 돕는 게 얼마나 어렵겠어?'

그러나 그것이 얼마나 오만방자한 생각이었는지 금방 깨닫게 되었습니다. 예배시간 내내 끙끙대다 온통 진땀으로 범벅이 되고 말았고, 그동안 내가 장애라는 개념을 그저 신체장애에 국한해 너무도 편협하게 생각했다는 것을 반성하게 되었습니다.

'아, 이제 어떻게 하지? 이러다 도움이 되기는커녕 짐만 되는 게 아닐까?'

걱정이 태산 같았지만, 다행히 남 집사님의 도움과 나보다 나이는 훨씬 어려도 아이들과 어울려 예배드리는 데 능숙한 선생님들 덕분에 겨우 예배를 마칠 수 있었습니다. 그리고 며칠 뒤 어느 토요일 오후, 아이의 조막만한 손을 붙잡고 첫 산행에 나섰습니다. 다람쥐마냥 산을 오르내리는 천사 곁을 지키려니 숨은 차오르고 발바닥은 후끈거렸습니다.

'아, 하루만 해도 이렇게 힘이 드는데 몇 년째 토요일마다 산에 오른다니!'

알수록 점점 더 충격이고 궁금해졌습니다. 내 나이 서른에 나름 마당발이라고 자부하며 살았건만, 여태 보지 못한 신기한 별세계를 보는 듯했습니다. 이곳 밀알천사는 아이들도 교사들도 여태 내가 만나온 사람들과는 무척이나 달랐습니다.

'아, 뭐죠? 주님!!'

알 수 없어 한 번 더 들여다보고, 알고 싶어 또 한 번 더 쳐다보고…. 아이들을 그렇게 바라보다 그만 사랑에 빠지고 말았습니다. 천사들은 묘한 재주를 가졌습니다. 때때로 날 힘들게 해도 보면 볼수록 좋아집니다. 아니 그 이름만 생각해도 미소가 떠오릅니다. 주말학교에서 아이들과 함께하는 원예치료와 미술치료, 놀이치료도 즐겁고, 함께 먹고 놀고 자며 잠시나마 한 식구로 누리는 행복이 점점 커져가더니, 언제부턴가는 정말 가족처럼 느껴졌습니다.

'사단법인 밀알천사의 협력병원'이 바로 이야기내과의 이름입니다. 밀알천사들이 편히 이용하는 병원과 헬스센터 건립이 하나님이 주신 소명이라던 남 대표님의 이야기를 10여 년 전부터 익히 들어왔지만, 솔직히 나와는 상관없는 일이라 여겼습니다.

그러던 2013년 12월, 이야기내과 개원을 위해 직접 내 발로 남 대표님을 찾아갔습니다. 지금도 내가다 이해할 수 없지만, 주님의 섭리 가운데 주님의 때가 이를 때, 이 땅에서 우리가 만나고 헤어지는 과정속에서 분명하게 주님의 뜻을 펼쳐가신다고 생각합니다.

천사들과 함께하며 나는 감사하면서도 한편으로는 늘 미안합니다. 평범하지 않은 천사들의 행동의원인이 무엇인지, 어떻게 도와야 할지 도통 알 수가없습니다. 배울수록 모르는 게 훨씬 많음을 절절히깨달을 때 안타깝고 미안할 따름입니다.

하지만 내 속에 확신과 희망은 분명 있습니다. 수년 전, 한국 의학계에서 유전자 연구의 발전으로 치매와 자폐 치료가 가능한 것처럼 언론에 보도된 적이 있었습니다. 지금도 세계 각처에서 다양한 연구가 진행되고 있을 테지만, 당장 손에 쥘 수 있는 약이나 치료방법은 보이지 않습니다. 그러나 밀알천사를 통해 나는 확실한 증거를 가진 치료방법을 똑똑히 보았습니다.

엄마 등에서조차 떨어지지 않으려 하고, 평지도 한두 발 가면 멈춰서고 걷지 않으려 해서 산행에 나서면 한참을 씨름하던 아이들이었는데, 지금은 산을 오를 때 내가 기대고 의지할 수 있는 청년들이 되었고, 다른 아이를 돕기도 합니다.

정신과 의사는 아니지만 자폐성 장애, 정서 장애 아동의 치료방법 중 하나로 산행을 소개할 수 있는 이유입니다. 물론 방대한 자료를 제대로 모아야 하는 일이라 쉽게 엄두가 나지 않지만, 20년 전과 지금의 사진과 일기, 투약 내역 등을 얻을 수 있다면 비교 분석해 볼 만합니다. 혹 다른 기관에 산행 프로그램이 있다면 그와도 비교해 볼 수 있을 것입니다. 그렇게 형식을 갖춘 자료를 통해 밀알천사의 지난 역사를 학문적인 면에서 정리할 수 있다면 유익이 더 클지도 모르겠습니다.

'보건복지부에서 각종 계층을 대상으로 비만관리에 대한 아이디어를 공모 중인데, 밀알천사 산행을 연계하거나 그로부터 배운 방법으로 제안할 게 있을까?' '산행 중 소변을 조절하는 문제에 대해 소변검사도 하고 행동패턴을 분석해 조금이라도 도움이 될 수 있을까?' 여러 가지 생각에 빠지면서 정작 생각만할 뿐 한걸음 나서지 못하고 있는 현실을 반성해 봅니다.

지금은 다소 모호하지만 언젠가는 이런 연구와 유사한 일이 실현되리라 믿습니다. 특히 올해 한 발내디딘 밀알천사 부모님들과의 좀더 깊은 만남을 시작으로, 이웃과 더불어 세계 각국의 도움이 될 만한 자료나 책을 나누며, 우리가 속한 곳에서 작은 것 한 가지씩 실천에 옮길 것을 꿈꿔 봅니다. 그리고 머지않아 밀알천사 청년들과 함께 일하게 되리라 믿습니다. 최근 2년간의 밀알학교 실습을 통해 가능성을 체험했고, 장애인 작업장으로 불리는 업종에 의원을 추가할 수 있다는 새로운 소망을 보았기 때문입니다.

한결 같은 마음으로 더욱 뜨겁게 사랑하는 공동체 밀알천사! 어쩌면 세상의 어떤 특수부대보다도 힘센 곳이지 않을까 싶습니다. 비록 더딜지라도 한 걸음 한걸음씩, 불편한 몸일지라도 믿음으로 내딛고, 연약한 마음일지라도 사랑으로 거들며, 함께 손잡고 소망으로 자라나는 천사들을 보며, 주께서 우리를 통해 펼치실 놀라운 이야기가 더욱 기대되는 순간입니다.

_ 내 친구 종화와 내 동생 민준이
최민준의 누나 최정윤

사람들에게 "만약 당신의 부모나 자식 혹은 형제가 장애인이라면 어떨 것 같은가요?" 하고 질문을 던지면, 아마도 대부분의 사람들이 부정적으로 답할 것입니다. 하지만 발달장애인 민준이를 남동생으로 둔 나는 그렇게 대답하지 않습니다.

동생이 발달장애인이라는 이야기를 들으면 대부분 안 됐다는 시선을 보냅니다. 어릴 때는 장애가 무엇인지 정확히 몰라 거리낌 없이 친구들에게 "내 동생은 발달장애인이야." 하고 말했지만, 시간이 흘러 고등학교 1학년이 된 지금, 나는 친  한 친구를 제외하고는 동생 이야기를 잘 하지 않습니다. 커가면서 장애에 대한 사회의 부정적인 시선을 알게 됐기 때문입니다.

하지만 나는 발달장애인인 남동생을 둔 누나로서 결코 불행하다고 생각하지 않습니다. 남들은 이상하게 여길 수도 있겠지만, 나름 괜찮은 동생을 두었다고 생각합니다. 물론 어렸을 때는 같이 놀기가 어려운 민준이를 보며, 비장애인 동생을 갖고 싶다는 생각도 했습니다. 다른 친구들처럼 동생과 숨바꼭질, 술래잡기나 물놀이도 하고 싶었는데, 민준이와 놀이가 되지 않아 속상하기도 했습니다. 그러나 돌이켜보면 침대에서 뛰어내리기, 민준이 앞에 온 가족이 얼굴을 모으고 앉아서 엄마 아빠 누나 중 누구에게 먼저 뽀뽀를 해주나 하는 시합(주로 내가 1등이었지만) 등 특별한 추억을 남겨주었습니다.

지금은 오히려 사춘기 남매들 중에서는 사이가 꽤 좋은 편이고, 민준이는 말 잘 듣는 착한 동생입니다. 얼마 전에는 제품에 붙은 태그를 떼기 위해 가위를 가져다 달라고 했는데, 진짜 가위를 가져다주었습니다. 민준이가 가위라는 단어를 알고 있고, 내 요구를 들어주었다는 것이 정말 기뻤습니다.

또 칫솔을 달라고 했을 때 치약까지 짜서 건네주는 민준이를 보며, 누나 칫솔을 어떻게 알고 있었는지 신통하기도 했습니다. 다른 사람들이 들으면 사소한 것을 가지고 호들갑 떤다고 할지 모르지만, 내게는 정말 기쁘고 감동적인 순간이었습니다.

언뜻 보면 동생으로 인해 내가 많은 것을 누리지 못했을 것처럼 보이지만, 꼭 그런 것만은 아닙니다.

한 살 차이 나는 장애인 동생을 둔 나는 아주 어릴 때부터 모든 일을 스스로 할 수 있게 되었습니다. 그래서 또래 친구들과 있으면 마치 언니가 된 것 같은 기분이 자주 듭니다.

물론 동생과 관련해 상처도 있습니다. 마트 같은 공공장소나 대중교통을 이용할 때 소리 지르는 동생을 향한 사람들의 시선, 사람들이 장애인에게 막 대하는 모습을 볼 때가 그렇습니다. 그러나 내가 동생으로 인해 얻은 확실한 한 가지가 있습니다. 남들이 쉽게 생각하거나 관심을 갖지 않는 '장애'라는 부분에 관심을 갖게 된 것입니다.

중학교 3학년 때 우리 반에 민준이 같은 발달장애를 앓고 있는 종화라는 친구가 있었습니다. 새 학년 첫날 담임선생님께서 종화의 짝을 정하는데, 종화와 짝 할 사람을 물으실 때 나를 제외하고는 아무도 손을 들지 않았습니다. 물론 나도 고민하느라 시간이 좀 지나서 손을 들긴 했습니다.

내가 종화의 짝이 되기로 결심한 이유는 내 동생

때문이었습니다. 어떻게 해야 할지 결정을 내리지 못하고 있는데, 순간 종화가 동생처럼 느껴졌습니다. 지금 내가 종화의 짝이 되어야만 동생에게도 이런 상황이 왔을 때 동생을 챙겨주는 사람이 생길 것 같다는 생각이 들었습니다.

실제로 동생 민준이는 왕북초등학교를 다니면서 많은 친구들의 관심과 도움을 받았습니다. 1년 동안 종화의 짝으로 지내면서 부담감이나 힘든 점도 더러 있었지만, 나는 그때 손을 들길 정말 잘했다고 생각합니다.

흔히 발달장애인은 혼자만의 유리 속에 갇혀 있다고 표현합니다. 그만큼 남들에게 관심이 없고 자기만의 세상에 빠져 있다는 이야기인데, 같이 학교생활을 하면서 나와 종화는 친구가 되었습니다. '친구가 되었다'는 표현이 살짝 오글거리기도 하고 어색하기도 하지만, 나와 종화의 상황을 가장 잘 표현해 주는 말입니다.

쉬는 시간에 쎄쎄쎄 같은 장난도 치고, 학교에서

놀이공원으로 놀러갈 때면 같이 돌아다니면서 친해졌습니다. 그때마다 종화의 표정이 즐거워 보여 나도 정말 기뻤습니다.

그 해 친구들의 추천으로 나는 '바람직한 대왕중학교 학생에게 주는 상'인 '대왕인상' 표창장을 받았습니다. 종화 덕분에 상을 받게 되어 감사했습니다.

내 동생에게도 내가 종화에게 다가간 것처럼 함께해 주는 친구가 있기를 바랍니다. 동생에게 진정한 친구가 한 명쯤 있으면 좋겠습니다. 이것이 누나로서 동생을 바라볼 때 가장 안타까운 점이기도 합니다. 내가 도와줄 수 있는 게 아니기에 그저 친구가 생기길 마음으로 바랄 뿐입니다.

이쯤에서 사람들에게 부탁하고 싶은 말이 있습니다. 장애인도 보통 사람이라는 인식을 가졌으면 하는 바람입니다. 장애인도 보통 사람이라는 의미는, 그들도 자신의 생각이 있고, 좋고 싫은 기호가 있으며, 마음이 있다는 것입니다. 아무렇게 말하고 막 대해도 괜찮은 존재가 아닙니다.

모든 사람들이 그렇듯 장애인도 자신을 비꼬거나 때리거나 괴롭히거나 욕을 하거나 비웃으면 상처를 받습니다. 모든 사람들이 장애인에게 친절을 베푸는 것까지는 바라지 않습니다. 다만 장애인도 사람이라는 것을 진정으로 인정해 주고, 그렇게 대해 준다면 장애인과 장애인 가족의 삶이 조금이라도 따뜻해지지 않을까 생각해 봅니다.

_ 0.5퍼센트의 실천, 복 받은 내 인생
남범선의 형 남윤선

밀알천사 산악대가 토요일마다 청계산을 오른 지 20년이 넘었습니다. 자그마치 천 번을 넘게 청계산을 오른 셈입니다. 긴긴 세월이 녹아 있는 좀처럼 따라잡을 수 없는 기록임이 틀림없습니다.

나는 산악대를 주도하는 남기철의 아들이지만, 부끄럽게도 산행에 참석한 것은 다섯손가락에 꼽을 정도입니다. 천 번 중 다섯 번이 안 되는 것이지요. 이유는 간단합니다. 바쁘고 귀찮아서입니다.

내가 고등학교 1학년쯤 되었을 때부터 산행이 시작되었는데, 고등학교 때는 입시공부 해야 한다고, 대학 때는 연애하고 취업 준비해야 한다고, 취업 이후에는 주말에 쉬어야 한다고 거의 가지 못했습니다. 점점 나이 드시는 아버지가 20년간 산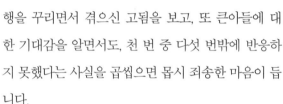행을 꾸리면서 겪으신 고됨을 보고, 또 큰아들에 대한 기대감을 알면서도, 천 번 중 다섯 번밖에 반응하지 못했다는 사실을 곱씹으면 몹시 죄송한 마음이 듭니다.

그럼에도 나는 앞으로도 산행에 자주 참가하지 못할 것 같습니다. 지금의 삶만으로도 매우 버겁기 때문입니다. 이전과 마찬가지로 앞으로도 내 한 몸과 한 가정의 가장으로서 가족 챙기기도 버거울 것 같고, 일주일 중 거의 유일한 휴일인 토요일을 산행에 투자하기는 쉽지 않을 것 같습니다. '불효자네!' 생각하실 분도 있겠지만, 내 입장이라면 생각이 달라질 것입니다.

물론 아버지는 나보다 더 힘든 삶을 살아오셨으며 또 살아가고 계십니다. 그런데도 매주 산에 오르십니다. 처음에는 둘째아들을 위해서라고 생각했지만, 이게 좀더 생각해 보면 그렇지 않은 것 같습니다. 물론 워낙 산행과 운동을 좋아하시고, 뭐든 한 번 하면 길게 하시는 성격 탓도 있지만, 그렇다고 20년간 주말을 희생할 수 있을까요?

많은 사람들이 선의로 봉사활동을 하고 있지만, 세상에 누가 20년을 한결같이 할 수 있을까요? 돈 한 푼 안 될 뿐 아니라, 그 과정에서 본의 아니게 욕도 수없이 먹어야 하는 그 일을 말이죠.

나는 신문기자입니다. 직업적으로 남들이 어떻게 사는지를 봅니다. 특히 이 사회의 지도층에 있는 사람들을 봅니다. 요즘 구설수에 많이 오르는 정치인들을 예로 들겠습니다. 뇌물을 받거나 비리를 저지르는 이들을 보면 쉽게 '나쁜 사람'이라고 말하지만, 과거부터 '나쁜 사람'이었던 인물은 많지 않습니다. 오히려 일반인은 상상도 못할 만큼 이 사회에 기여한 인물이 많지요. 독재권력에 맞서 목숨 걸고 싸우고, 자유와 민주주의를 수호하기 위해 고문을 견뎌냈던 주역들입니다.

하지만 그들은 과거의 정신을 20년간 지키진 못했죠. 목숨까지 걸며 정의를 외쳤던 사람들이 어떻게 그렇게 타락할까 생각해 봅니다. 반대로 초심을 지키는 것이 얼마나 어려운 일인지 생각하게 됩니다. 아무리 굳은 결심이라도 20년을 유지하기는 참 힘이 듭니다.

20년은 그만큼 긴 시간입니다. 스스로 무엇인가를 결정하고 판단하는 나이가 20세 이후라고 보면, 20년은 그 후 인생의 3분의 1입니다. 내 인생을 내 것이라고 규정할 때, 3분의 1을 남을 위한 헌신에 매진한다는 건 사실상 나를 포기한다는 것과 마찬가지입니다. 그런데도 20년을, 그 이상을 그렇게 사는 사람들이 있습니다.

20년 동안 뭔가를 계속할 방법은 있습니다. 그게

정말 좋으면 됩니다. 좋아하는 일이라면 20년을 할 수 있습니다. 자기만의 취미를 20년씩 유지하는 사람이 많은 것도 그래서죠. 혹은 그걸 안 하면 못 사는 경우도 있습니다. 직업이 대표적이죠.

봉사라는 원리도 마찬가지일 것입니다. 자기가 좋아하고, 하지 않으면 죽을 것 같아야 20년을 할 수 있을 것입니다. 그래야 쉬고 싶은 토요일에도 자리를 박차고 일어나겠지요. 그런데 남을 위해 무엇인가를 하는 것이 그토록 좋거나, 하지 않으면 죽을 것 같은 느낌이 들 수 있을까요? 스스로 자신을 아끼게 돼 있는 인간 본성에 어긋나는 것인데 말입니다.

아마도 내 인생이 내 것이 아니면 가능하지 않을까요? 내 삶을 드릴 만한 매력적이고 온전한 존재가 있다면요? 그러면 내가 느끼는 기쁨의 기준도 절박함의 기준도 다르겠지요. 혹은 인생 이후의 뭔가가 있다면 가능하겠죠. 이 삶이 끝이 아니라면, 극히 일부라면 그 후를 위해 희생할 수 있을 것입니다.

이렇게 내 삶을 누군가에게 양도하거나, 혹은 미

래를 잇는 중간다리로 이 삶을 보는 사람의 인생은 멋지게 끝납니다. 아들에게 부끄러움 없는 아버지로 삶을 마감할 수 있습니다. 무엇보다 스스로 세상을 떠날 때 마음속에 벅차오를 그 자부심, 정말 삶을 제대로 살아냈다는 그 마음, 그런 것이 있겠죠.

나로서는 상상하기 싫은 일이지만, 나는 아버지 어머니의 생애 최고의 날은 돌아가시는 날이 될 것이라고 가끔 생각합니다. 즐거웠지만 고된 짐을 내리고, 그간 받지 못했던 세상의 칭송을 받으며 즐겁게 영원한 기쁨을 향해 가시겠죠.

아직까지 '내' 삶을 살고 있는 나는 오히려 죽을 때 걷잡을 수 없는 후회를 하게 되지 않을까 벌써부터 두렵습니다. 그래도 복 받아서 좋은 부모 만나 어떻게 살아야 죽는 날 후회가 없을지 보고 배워서 '0.5 퍼센트'의 확률(천 번 중에 다섯 번)이라도 실천하고 있는 게 참 다행이고 감사한 일입니다. 부디 앞으로는 확률을 좀 높일 수 있으면 좋겠습니다. 산행 20년을 축하합니다.

_ 막둥이 천사 성준이
김성준의 짝꿍 이정희

안녕하세요. 밀알천사 김성준의 짝꿍 이정희입니다. 천사들과의 산행이 어느덧 20주년이라니 대단합니다. 10년이면 강산이 변한다는데, 특히나 요즘같이 하루가 다르게 변하는 세상에는 강산이 여러 번 바뀌었을 시간이죠.

3년 전 6월, 최승구 짝꿍선생님의 소개로 밀알천사와 인연을 맺게 됐습니다. 이런 좋은 일을 할 수 있게 인도해 주셔서 정말정말 감사드립니다.

산행 첫날, 겁 없이 청바지 입고 물도 없이 왔다가 정말 죽는 줄 알았습니다. 더욱이 남자 짝꿍선생님들

은 아는 척도 하지 않더라고요. 반갑게 맞아줄 거라는 예상과 달리 인사도 잘 하지 않아 '분위기 왜 이래?' 싶었습니다. 그러나 계속 산행하면서 그 이유를 알게 됐습니다. 여자 짝꿍선생님들은 왔다가 몇 번 안 나와서 마음의 문을 쉽게 열지 않는 다는

것을.

그래서 굳게 마음먹었습니다. 건강이 허락하는 날까지 쭉 산에 오르기로요. 토요일 스케줄은 밀알천사의 산행을 최우선으로 잡고 실천하려고 애쓰는 중입니다.

내 첫 산행의 짝꿍은 천사 진호였는데, 오히려 내가 도움받으며 산행을 시작했습니다. 그 다음 주는 천사 종화와 재근이, 역시나 나보다 산을 더 잘 오르는 천사들이었습니다. 산행이 결코 쉽지 않다는 걸 생생히 가르쳐준 천사는 단연 의준이었습니다. 손도 잡으려 하지 않고 엄청 빨리 올라 내 시야에서 없어지기도 하고, 하산 길에는 무방비 상태에서 내 머리에 헤딩하는 바람에 눈물이 핑 돌 만큼 아프기도 했습니다. 게다가 의준이는 덩치가 큰 친구라 내심 약간 무섭기도 했습니다.

초반에는 나름 기 싸움하는 것처럼 두 손을 꼭 잡고 의준이의 눈을 똑바로 쳐다봤습니다. 그랬더니 의준이도 내가 낯설어 무서워하는 것은 마찬가지였습니다.

"의준이 이제 머리 안 박을 거예요."

산을 내려오는 내내 그렇게 말하고 내 손도 잡아줘서, 한동안 청계산 다람쥐라는 의준이랑 짝이 되었습니다. 그러면서 또 한 가지를 깨달았습니다. '자주 와서 얼른 천사들과 익숙해져야지. 천사들 저마다의 특징을 빨리 알아야겠구나.'

매주 산행 때 조금씩 의준이를 알아가면서 친해졌습니다. 의준이가 하루가 다르게 달라지고 있다는 말을 들으면 기분이 엄청 좋았습니다. 그렇게 산행을 하면서 내 눈에 밟히는 천사가 한 명 있었습니다. 내가 보기에는 유치원생인가 싶을 정도로 어리고 가느다란 다리, 힘도 없어 보이고 산에 오르는 것이 버거워 바닥에 눕거나 자주 안아달라 하고, 간식시간에는 잘 먹지도 않는 잘 생긴 미소년 성준이었습니다.

성준이가 늘 남자선생님과 짝꿍하는 것을 보고, 아들을 키운 엄마의 마음으로 남 대장님께 부탁했습니다. 성준이의 짝꿍이 되게 해달라고. 남 대장님은 힘들지 않겠냐고 걱정해 주었지만 결국 저와 성준이는 짝이 되었습니다.

최승구 선생님이 천사 정우를 10년 전에 만나 멋진 청년으로 키운 것처럼, 나도 성준이가 정우처럼 멋진 형이 될 때까지 함께해야지 마음먹었습니다. 그렇게 인연을 맺은 지 벌써 2년이 지났습니다. 성준이는 나를 엄마라고 부르기도 한답니다. 나 또한 성준이의 매력에 푹 빠져서 헤어 나오기 힘듭니다.

성준이가 산행을 시작해 세 번째 쉬는 장소까지 올라가면서 가장 많이 하는 말이 있습니다.

"의자에 앉아요."

"안아주세요."

"마이쮸 먹고 싶어요."

"물 먹고 싶어요."

가끔은 너무 힘든지 "베게 누워요." 하면서 내 다리를 베게 삼기도 한답니다. 하지만 세 번째 쉬는 장소를 지나면 날쌘돌이처럼 뛰어가지요. 그러다 오르막이 생기면 눕기도 하지만, 간식 먹으러 가자고 하면 금방 일어나 올라가곤 합니다.

올라갈 때는 뒤에서 당기고 내려올 때는 밀기도 하는 개구쟁이, 가끔은 엄마 같은 내가 만만한지 피식 웃으면서 말을 안 듣기도 하고, 내 표정이 달라지면 애교도 부리는 귀염둥이가 되기도 하지요. 부디 우리 성준이가 산에 와서 일주일간의 스트레스를 확 날리고 갔으면 하는 마음입니다.

이렇게 성준이는 토요일을 기다리게 하는 매력덩어리입니다. 요즘은 성준 아빠도 함께하셔서 성준이한테 더 좋은 것 같습니다. 늘 내 간식까지 챙겨주시는 성준 어머니 감사합니다. 얼마 전 미륵산 산행을 같이 하면서는 정말 한 가족 같이 느껴졌습니다. 마치 내가 성준이 큰엄마 같기도 했습니다.

어느 글에서 보니 '감사보다 더 좋은 게 봉사'라고 하더군요. 물론 밀알산행은 봉사보다도 더 좋은 일입니다. 천사들과 함께하면 마음이 금방 따뜻해집니다. 천사들 덕분에 나는 무척이나 행복합니다.

"가자~ 민준아!"

또 천사 민준이가 멈춰섰습니다. 생각나라를 여행합니다. 나도 포기하고 잠시 멈춰서서 그 나라에 동행합니다. 가보고 싶은 나라이기도 합니다.

민준이를 처음 만난 것은 2년 전 청계산 밀알산행을 통해서입니다. 처음 만나 쑥스러운지 몇 미터는 멀찍이 떨어져 걸어서 손잡기조차 힘들

었습니다. 가다가 멈춰설 때마다 억지로 밀고 올라가는 것도 쉽지 않았지만, 그럴수록 더욱 경계하는 것 같아 전전긍긍했습니다.

보기 딱했는지 인솔을 맡으신 남 대장님께서 팁을 줍니다.

"민준이한테는 가래떡 한 개 사주세요!"

가래떡? "너 가래떡 먹을래?" 하니 정말 반갑게도 반응이 왔습니다. 마음을 알아주니 마음 문을 조금

열어줍니다. 선배 짝꿍들은 아이가 매달려도 안전과 자립을 위해 잡아주지 말라고 했지만, 어쩌다 잡아준 손이 고마워 매달려도 뿌리치지 못했습니다.

차츰 세월이 흐르자 이젠 제법 팔을 툭툭 치며 애정표현도 합니다. 가끔 보너스로 와락 껴안고 뺨에 뽀뽀도 해줍니다. 하지만 아직 어두컴컴한 저녁의 숲길처럼 잘 보이지 않아 더듬으며 갑니다. 민준이의 길을 달님이 좀더 환하게 비춰주길 바라면서….

민준이는 부모님의 사랑을 듬뿍 받아 아주 해맑은 아이입니다. 뽀얀 피부에 아이돌처럼 잘 생겼습니다. 산길을 걷다보면 지나가던 등산객들이 다들 한마디씩 합니다.

"그 녀석 참 잘생겼네!"

"아버님! 좋으시겠습니다."

내 어깨가 으쓱해집니다. 함께 산행봉사를 하시는 정혜정 선생님은 밀알 밴드 어플에 종화 사진이 나오면 "울 아들 잘 생겼네!" 하며 댓글을 종종 다십니다. 애정 듬뿍 담긴 그 표현이 늘 부러웠는데, 언젠가 민준이 어머니께서 글을 통해 산행 짝꿍인 내게도 '민준이의 세 번째 아버지'라는 영광스러운 호칭을 주셨습니다. 첫 번째는 하나님 아버지, 두 번째는 친아버지, 그 다음엔 짝꿍아버지!

사람들은 가끔 웃음보가 터지면 웃음을 그치지 못할 때가 있습니다. 머리에 재미있는 상상이 가득하기 때문입니다. 민준이도 기분이 좋은 날은 웃음보가 터진 듯 계속 깔깔대며 웃습니다. 그날은 민준이에게 내가 복 받는 날입니다. 행복!

받은 행복 나누고 싶어, 찍은 사진과 글을 가끔 밴드에 올리기도 합니다. 올리려는 사진을 보거나 글을 쓰다가도 천사들의 재미있는 상상을 만나면 혼자 히죽히죽 웃습니다. 아무래도 민준이에게서 웃음 바이러스가 전염되어 돌아온 모양입니다.

같이 산행했던 지난 시간 동안 민준이는 수영을 배우며 주저했던 출발도 극복해 나갔습니다. 색소폰 연주도 배워 작은 연주회도 열었습니다. 산행 중 손에 매달리던 것도 줄었습니다. 장애물이 나오면 이젠 혼자서 판단해 넘기도 하고, 제법 가파른 바위산도 줄을 잡고 힘차게 오릅니다.

말을 잘 못했지만 최근에는 발음연습을 통해 간단한 표현도 시작하고 의사표시도 정확해졌습니다. 2년 사이 나보다 더 큰 신발을 신을 정도로 발도 키도 자랐습니다. 그 하나하나에 온 가족의 눈물겨운 노력과 사랑이 겹쳐 보입니다. 그 사랑에 조금씩 조금씩 나아가는 민준이도 보입니다.

'더 커서 중2병도 앓게 될까?' '여드름 잔뜩 난 사춘기를 보낼까?' 앞으로의 모습도 행복하게 상상해 봅니다. 아직도 궁금한 것이 많이 남아 있지만 계속 또 나아가야지요!

"가자~ 민준아!"

손을 내밉니다. 민준이 손이 참 따뜻합니다.

수열이와 처음 만난 건 2012년 11월 즈음이었습니다. 그때 나는 어머니의 추천으로 밀알천사 산행을 한번 해보았고, 두 번째 산행이었습니다. 첫주에 진호와 기분 좋게 산행을 마친 기억이 있어서 웬만큼 산만하거나 힘들게 하지 않는 한 잘

할 수 있을 거라는 조금의 자신감이 있었습니다. 기대 반 걱정 반으로 산 입구에 도착해서 버스를 기다리니, 작고 귀여운 장난기 많아 보이는 아이가 내렸습니다. 그게 바로 수열이와 첫 만남이었습니다.

처음 같이 산행할 때 수열이는 눈을 좋아하고 흙을 좋아하는 개구쟁이였습니다. 그래도 옆에서 친절하게 도와주신 정양기 선생님 덕에 수열이에 대해 빠르게 알아갔고, 마지막 쉼터까지 즐겁게 도착했습니다.

그런데 잠시 쉬고 있는데 뭔가 허전함을 느꼈습

니다. 그때 처음이자 마지막으로 수열이를 잃어버렸습니다. 너무 놀라 이리저리 뛰어다니며 수열이를 찾아다닌 게 아직도 생생합니다. 다행히 멀지 않은 곳에서 수열이를 찾았고, 그날 이후로 절대로 수열이에게서 눈을 떼지 않았습니다. 참 느낄 게 많았던 두 번째 산행 이후, 나는 수열이의 고정 짝꿍이 되었습니다.

처음에는 많이 부담되고 걱정이 많았습니다. 수열이는 다른 아이들보다 자유분방하고 주의를 많이 요하는 아이였으니까요. 그러나 이 친구와 내가 계속 함께 산행하고 친해지고 교감한다면 얼마나 좋을까 생각했습니다. 그래서 좀더 적극적으로 수열이의 행동, 표정, 가끔씩 변하는 감정까지 하나하나 알아가려고 노력했습니다.

그렇게 몇 달이 지나자, 나는 토요일은 산행하는 날이라 당연하게 생각하고 익숙해졌습니다. 빠지지 않고 꾸준히 산행을 하다 보니 수열이에게도 조금씩 변화가 보이기 시작했습니다. 전혀 눈을 마주치지 않고, 손은 자기 기분에 따라 잡았다 놓았다를 반복했었는데, 산행 중간마다 서서 나를 똑바로 쳐다봐주고, 내가 뒤에서 안 보이거나 먼저 가라고 하면 먼저 손을 잡아주는 것입니다.

나는 그 작지만 엄청난 변화에 놀랐고 보람을 느꼈습니다. 그 보람을 느끼고 나서부터는 산행이 기다려지고 산행하는 시간이 엄청 빠르게 지나갔습니다. 몸도 점점 덜 힘들어졌습니다. 그렇게 느끼고 실천하다 보니 어느새 1년이 지나고, 수열이의 웃는 모습이 더 자주 보였습니다. 내게 안아달라고도 하고, 내가 뽀뽀하자고 하면 뽀뽀도 해주었습니다.

내게도 변화가 생겼습니다. 수열이를 기다리는 시간이 힘들었는데, 그 덕에 인내심이 생기고 이해심이 생겼습니다. 좀 과장 같지만 수열이보다 어려운 천사는 내가 산행하는 동안 보지 못했습니다. 그래서인지 수열이 외에 다른 천사들과 산행하는 것은 훨씬 수월하고 힘들지 않았습니다. 어쩌다 수열이가 안 오면 걱정되고, 내가 못해 준 것이 생각나서 미안했습니다.

2년 넘게 산행하다 보니, 내 말을 잘 듣던 수열이가 말도 잘 안 듣고 감정기복이 심해졌습니다. 나와 수열이 모두 안 오는 날도 많아지고, 내가 군대를 가야 해서 점점 소홀해지는 것도 있었습니다. 그래도 군대 가기 전에 수열이와 산행했고, 겉으로 말은 안 했지만 수열이에게 마음속으로 정말 사랑하고 건강한 모습으로 다시 보자고 말했습니다. 수열이가 무척 사랑스럽고, 마치 내 동생 같았습니다.

밀알천사 산행에서 수열이를 만나게 되어 정말 감사합니다. 지금은 군복무 때문에 함께하지 못하지만, 좀더 성장한 모습으로 나를 반겨줄 수열이를 상상해 봅니다. 밀알천사와 함께한 시간들, 수열이와 함께한 시간들을 추억하며 만날 날을 손꼽아 기다려 봅니다.

_ 한국에서 얻은 보물(영어를 번역한 글임)

S전자 봉사자 라훌

밀알천사 산행 프로그램에 대한 제 생각을 적을
수 있어서 기쁩니다. 2014년 6월 나는 S전자에서 운
영하는 사회공헌활동(CSR:Corporate Social Responsibil-
ity)에 기여할 기회를 찾고 있었고, 밀알천사에서 운영
하는 산행 프로그램에 관심을 갖게
되었습니다. 내가 좋아하는 '아이들'
과 '등산'이라는 두 가지 요소를 같이
가지고 있기 때문입니다.

한국말도 잘 못하는데 어떻게 봉사할 수 있을지
걱정되었지만, 열정적인 천사들과 짝궁들 덕분에 걱
정거리는 사라졌습니다. 박세진 총무(산다솜 동아리)와
다른 자원봉사자들을 통해 이 프로그램을 굉장히 고
무적이고 수용적으로 받아들이게 되었습니다.

밀알천사 산행 프로그램은 훌륭히 설계되었고,
남기철 대표님은 매우 적절한 접근 방법을 통해 내
가 아이들과 숙련된 등반가(천사)들과 짝을 이루어 이

2부 _ 가슴으로 쓰는 편지   163

여정에 동참할 수 있게끔 도와주셨습니다. 처음에는 자폐성 장애를 갖고 있으나 능숙하게 등반하는 한 천사와 짝을 이루었습니다.

그 천사는 길을 매우 잘 알았고, 가장 완만하게 산을 오르는 방법을 알고 있었습니다. 이는 내가 그 후로 이 프로그램의 정규 멤버가 되게 하는 데 동기부여가 되었습니다.

밀알천사 산행 프로그램은 내게 익숙한 길을 떠나 새로운 한국을 탐험하는 기회를 주었습니다. 나는 한국 전역을 알고 있는 한 천사와 등반할 수 있는 기회도 얻었습니다. 그 천사와 이야기를 나누고 한국에 대해 다양한 견해를 나누는 것은 굉장히 멋진 경험이었습니다.

나는 밀알산행 참가자들을 잘 돌보는 짝꿍들과 교류하는 것이 즐거웠습니다. 자폐성 장애 아이들을 어떻게 대해야 하는지에 대한 그들의 견해는 굉장히 계몽적이었습니다.

가장 재미있던 것은 자폐성 장애 아이들과 어울리

는 것이었습니다. 이 친구들은 굉장히 예의 바르고, 약간의 도움만 필요로 하는 준비된 친구들이었습니다. 밀알천사에서 주관한, 을지대학교에서 열린 가족 프로그램을 통해 이 친구들과 하루를 보낼 수 있었습니다. 이 경험은 매우 환상적이었습니다. 우리는 서로 어울려 6~7시간 동안 게임과 식사를 하였고, 무엇보다 서로 염려해 주었습니다.

나는 받은 기념품과 함께 찍은 사진을 평생 간직할 겁니다. 일련의 프로그램을 통해, 서로 대화하려고 노력한다면 언어는 문제될 게 아니라는 점과, 행복하기 위해서는 그렇게 많은 것이 필요하지 않다는 것을 깨닫게 되었습니다.

나는 더 많은 사람들이 이 프로그램에 참여하도록 권하고 싶습니다. 아이들과 보람찬 하루를 보내며, 세상이 당신에게 주는 대가없는 기쁨을 경험해 보라고 권하고 싶습니다. 여러분은 이 경험을 통해 개방적인 사고방식의 새 친구(천사)를 사귀게 될 것이며, 정말 좋아할 거라고 확신합니다.

_ 나의 체력이 다하는 날까지

이서윤의 짝꿍 정형철

벌써 11년 전의 일입니다. 전에 다니던 교회의 집사님 한 분에게서 밀알산행을 소개받았습니다. 그때 다니던 교회는, 자폐장애인 학교인 밀알학교를 건축해 주고, 오히려 그곳의 강당을 임대해 주일예배를

드리고 있었습니다. 장애인과 함께 한다는 사명을 가지고 설립된 교회였기 때문입니다.

그런데 장애 부서에서 봉사하는 일부 봉사자를 제외하고는 교인 대부분이 실제로 장애인과 직접적인 교제가 없었습니다. 나 역시 마찬가지였기에 항상 무엇인가 장애인들에게 빚진 마음이었습니다. 그러던 중 한 집사님의 소개가 밀알산행에 참석하는 계기를 만들어주었습니다.

산행은 매주 토요일마다 있는데, 눈이 오나 비가 오나 1년 내내 한다는 것입니다. 이것은 자폐아를 둔 아버지의 친구 분들이 친구 아들의 치유를 위해 자발

적으로 시작한 것이었습니다. 물론 이들 중에는 기독교인도 있지만 대부분 교인이 아니었고, 오직 고교동창이라는 관계로 이루어져 있었습니다.

이 말을 듣고 이들의 의리가 정말 대단하다는 생각이 들었습니다. 반면 기독교인인 나 자신이 부끄럽기도 했습니다. 나는 매주 산행하는 것이 자신 없었고 오래 지속할 수도 없을 것 같아 고민하다가, 한 달에 두 번 격주로 산행에 참가하기로 결심했습니다. 그렇게 시작한 것이 올해로 11년이 되었습니다.

사실 나는 산행을 체질적으로 좋아하지 않습니다. 지루하고 재미없기 때문입니다. 아무 생각 없이 힘들이고 땀 흘려가며 꼭대기까지 올랐다가 다시 돌아와야 하는 행위 자체를 싫어합니다. 그런데 천사들의 짝꿍이 되어 이들과 함께하고, 이들이 필요로 하는 도움을 줄 수 있다고 생각하니 지루하거나 재미없다는 생각이 사라졌습니다. 이들과 무사히 산행해야 한다는 미션이 주어졌기 때문입니다.

산행 초기를 추억해 보면, 참석할 때마다 '오늘은

어느 천사와 산행하게 될까?' 기대되기도 했지만, '이번 산행도 무사히 잘 해낼 수 있을까?' 하는 걱정과 두려움도 많았습니다. 그런데 매번 시작할 때와는 전혀 다르게, 산행을 마치는 순간에는 육체적 평안함, 정신적 안도감, 성취감이 생겼습니다. 이런 밀려오는 행복감은 삶의 진정한 활력소였습니다.

지금까지의 경험을 통해 얻은 밀알산행의 의미를 나는 세 가지로 말하고 싶습니다. 첫째는 산행을 통해 정도의 차이는 있지만 천사들에게 육체적 정신적으로 변화가 있다는 것입니다. 둘째는 산행에 소요되는 4시간에서 5시간 정도의 시간이 천사 부모님들에게는 유일한 혼자만의 시간이 된다는 것입니다. 셋째는 오히려 짝꿍들이 산행을 통해 삶의 진정한 행복과 기쁨을 느낄 수 있다는 것입니다.

흔히들 봉사는 일방적으로 남의 필요를 채워주는 자선행위라고 생각합니다. 그러나 진정한 봉사는 상호간에 일어나는 작용 반작용 같은 것으로, 절대 일방적이 아님을 깨닫게 되었습니다. 어느 때는 밀알천사로 인하여 오히려 내 필요가 채워지는 것을 절실히 느낍니다. 실제로 나 자신은 천사들에게 별 도움이 되지도 못하면서….

나는 이 산행을 사랑합니다. 아니 밀알천사들을 사랑하려고 노력합니다. 언젠가는 밀알천사들이 나를 부축할 때가 오겠지만, 내 체력이 허락하는 날까지 이 산행을 계속하려 합니다. 천사들과 산행하면 행복하니까요.

이 산행에 참여할 수 있도록 기회를 주신 하나님께 감사드립니다.

_ 짝꿍들에게 드리는 편지
대장 남기철

밀알천사 산행 20주년, 주님의 사랑, 천사들과 가족들의 사랑, 짝꿍들의 사랑에 감사할 뿐입니다. 천사들과 가족들이 정성껏 보내주신 손 편지를 몇 번이나 읽었는지 모릅니다. 정말로 내가 한 것이 아무것도 없는데 너무나 많은 사랑을 주셨습니다. 이 세상을 살아가는 동안 베풀어주신 사랑에 영원히 빚진 자로 살겠습니다.

사람이 살아가는 동안 삶의 목표는 변하나 봅니다. 이제는 세상의 가치관보다는 천사들을 향한 새로운 가치관을 만들며 살아가렵니다. 주님이 허락하시면 앞으로도 10년, 20년 더 계속하고 싶습니다. 천사들을 위한 작업장도, 부모가 없어도 살아갈 수 있는 안식처도 만들고 싶습니다.

내 가치관이 세상 사람들의 가치관과 달라 혼자가 되더라도, 주님만을 의지하며 천사들의 선하고 맑은 눈동자를 바라보며 살아가렵니다.

감사합니다. 그리고 사랑합니다.

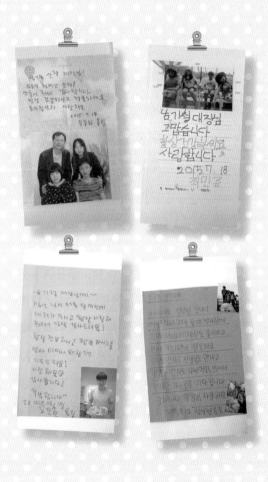

완벽하게 똑같은 증상의 자폐증은 존재하지 않습니다.
열이면 열, 백이면 백 모두 다르니까요.
마치 카멜레온 같다고 할까요.
수시로 변하는 카멜레온처럼
자폐성 장애의 속성은 변화무쌍합니다.

3부 _ 카멜레온, 눈뜨기 사랑하기

자폐는 카멜레온이다

_ 카멜레온 이야기

    자폐성 장애를 '자폐 스펙트럼 장애'라고 합니다. 햇빛은 언뜻 보기에 한 가지 색처럼 보이지만 프리즘을 통과하면 스펙트럼의 다양한 색깔로 나타나는 것처럼, 자폐의 특성이 각양각색인 탓입니다. 자폐 진단을 받은 아이들은 성격이나 유형, 특성에 있어서 동일한 범주로 구분하기 어렵습니다.

    감정조절이 쉽지 않거나, 인지능력에 문제를 겪거나, 의사소통에 어려움이 있고, 같은 말을 반복하거나, 보고 듣고 냄새 맡는 등 감각 반응에 장애를 보이는 증상이 대개 나타나지만, 완벽하게 똑같은 증상의 자폐증은 존재하지 않습니다. 열이면 열, 백이면 백 모두 다르니까요. 마치 카멜레온 같다고 할까요. 수시로 변하는 카멜레온처럼 자폐성 장애의 속성은 변화무쌍합니다.

자폐성 장애는 단일한 대처법이 없기 때문에 많은 부모들이 상심합니다. 나 역시 그랬습니다. 그러나 그럴수록 꾸준한 치료와 교육이 필요하지요. 아이의 상태를 받아들이고 전문가, 교사와 합심하여 아이의 특성에 맞게 치료하고 교육할 때 점진적으로 호전될 수 있답니다. 특히 교육은 조기에 이루어질수록 효과적이라는 것은 이미 알려진 사실입니다.

이 카멜레온 같은 아이들을 가리켜 흔히 '자기 세계에 갇혀 있는 사람'이라고 말하는데, 사실 이것은 오해라고 생각합니다. 정형화 된 시각으로 볼 때 갇혀 있는 것처럼 보일지 몰라도, 실은 자기 나름의 방식으로 의사를 표현하며 소통하고 있습니다. 특이행

동처럼 보여도 가만히 관찰해 보면 모든 행동에는 다 이유가 있기 때문입니다. 우리가 원하는 방식으로 반응하지 않는다고 해서 자기 세계에 갇혀 있다고 낙인을 찍어서는 안 되겠지요.

_ 기다림의 날들

자폐성 장애를 치유하기 위해서는 기다림의 날들이 필요합니다. 마라톤처럼 길고 긴 시간을 묵묵히 뛰어야 하고, 아무리 힘들어도 그 자리에 멈춰서는 안 됩니다. 결승선을 향해 가는 그야말로 인내로 점철된 기다림의 날들이라고 할 수 있습니다. 자폐증 치료에는 이렇게 많은 시간이 걸릴 뿐 아니라 사람도 많이 필요합니다. 전문가의 치료, 부모의 돌봄 같은 길잡이가 있어야 장기 레이스에서 낙오하지 않으니까요.

자폐성 장애를 치유하는 데 자연 치유 프로그램

이 상당한 효과가 있다고 알려져 있습니다. 푸른 숲에서 넘쳐나는 피톤치드와 음이온, 테르핀 등은 뇌를 자극해 줍니다. 아이들은 개울물, 바람소리, 파도소리, 햇살에 오감을 깨우고, 자연 속에서 걷고 뛰고 몸을 움직이면서 뇌 기능을 극대화함으로써 장애를 치유하는 것입니다. 대자연의 치유 능력은 여러 사례에서 입증된 바 있습니다. 밀알천사 산행을 시작한 계기도 바로 그 때문입니다.

기다림의 날들로 점철된 지난 20년이었지만, 산행을 하면서 조금씩 치유되는 천사들의 모습을 보면서 정말 기쁘고 감사했습니다. 앞으로 남은 날들도 우리에게 기쁨을 안겨주는 기다림의 날들이 되었으면 합니다.

나는 가끔 강의를 나갑니다. 범선이 같은 아픔을 갖고 사는 아이들의 부모를 대상으로 하는 강의지요. 내 강의가 조금이나마 위로와 도움이 된다면, 단 한 분의 부름에도 어디든 갈 겁니다.

눈 덮인 겨울 산행을 하다 보면, 선두에 선 경험 많은 산악인이 쌓인 눈을 발로 밟으며 뒤에 오는 사람들의 길을 만들지요. 우리도 갈 길을 찾지 못할 때는, 먼저 간 선배들의 발자취를 따르는 것도 좋은 방법입니다.

선배가 옳은 길을 갔다면 그 발자취는 남아 있을 것입니다. 반대로 틀린 길을 갔다면 그 자취는 남아 있지 않겠지요. 내 아이를 키우면서 경험한 것을 먼저 걸어간 선배로서 전하고 싶습니다.

1. 장애를 인정하는 것은 빠를수록 좋습니다.

- 금쪽같은 자식이 장애라는 것을 인정하는 것은

누구에게나 어렵습니다.

- 그러나 빨리 인정하고 조기 대처해야 아이의 상
  태를 조기 호전시킬 수 있습니다.

2. 세월은 빨리 지나갑니다.

- 아이의 장래에 대한 준비도 빠를수록 좋습니다.

3. 장애 극복 노력도 나이가 들수록 배가되어야 합니다.

- 어릴 때 너무 많은 힘을 쏟으면 나중에 지칠 수
  있습니다.
- 일생 동안 균형 있는 노력을 기울여야 합니다.

4. 닭이 먼저인가, 달걀이 먼저인가?

- 대부분의 아버지들이 경제적으로 여유가 있어야
  아이를 돌볼 수 있다고 생각합니다.
- 그러나 아이들은 기다려주지 않습니다.
- 아이들 우선으로 살아가는 것이 옳다고 생각합
  니다.

5. 건강이 우선입니다.

- 아이뿐 아니라 부모의 건강도 중요합니다.

- 부모가 건강하지 못하면 아이를 제대로 돌볼 수 없습니다.

- 아이와 같이 할 수 있는 운동을 만들어 보세요.

- 일에 쫓기다 보면 저녁에 시간을 내기가 쉽지 않으므로, 새벽 등산을 적극 추천합니다.

- 아이들에겐 일찍 일어나는 습관을 기를 수 있는 일석이조의 효과를 볼 수 있습니다.

6. 아이들의 폭력성은 없어야 합니다.

- 장애가 안쓰럽다고 마냥 받아주어서는 안 됩니다.

- 부모를 때리는 것은 절대 용납하지 말고, 취학 전에 고쳐야 합니다.

- 폭력성이 있는 아이는 어디서도 받아주지 않습니다.

- 방치할 경우 아이들이 크면서 도망 다니는 부모

들이 많습니다.

7. 계속적인 자극이 필요합니다.

- 방치는 아이를 망치는 지름길입니다.
- 아이들의 상태는 성장하면서 계속 변합니다.
- 실망하지도 낙심하지도 말고, 인내하면서 지속적 인 자극을 주어야 합니다.

8. 남과 비교하거나 모방하지 말아야 합니다.

- 남을 모방하거나 따라하지 말고, 아이가 할 수 있 는 일에 집중해야 합니다.

9. 양육의 짐은 나눠져야 합니다.

- 장애를 가진 아이의 양육이 엄마만의 책임이 되 어서는 안 됩니다.
- 비장애 자녀에 대한 배려와 부부만의 시간을 갖 는 것도 중요합니다.
- 같은 아픔을 가진 부모끼리 서로 도와야 합니다.

10. 장래는 미리 준비해야 합니다.

• 준비는 빠를수록 좋습니다.

• 내 경우 아이가 고등학교에 들어갈 무렵부터 작업장에 대한 준비를 했습니다.

• 그 준비가 바탕이 되어 현재 래그랜느를 만들 수 있었습니다.

11. 믿음생활을 권합니다.

• 사람의 힘으로 장애를 가진 아이를 키우는 것은 한계가 있습니다.

• 나는 아이의 장애를 알고 나서 믿음을 가졌고, 고난을 이길 힘을 얻을 수 있었습니다.

장애가 있는 아이를 키우는 것은 어렵고 힘든 일입니다. 그러나 피할 수 없다면 같이 동행해야겠지요. 장애아의 모든 부모님들, 희망을 갖고 살아가시기 바랍니다.

인생에서 잊지 못할 선생님을 만난 사람은 참으로 행복한 사람입니다. 좋은 선생님은 인생을 바꾸는 사표가 되어주고, 삶의 고비에서는 극복의 지혜를 일깨워주는 멘토가 되어주죠. 특히 자폐성 장애아에게 좋은 선생님과의 만남은 더없는 축복입니다.

범선이가 교회 유치부에 다닐 때, 지금으로부터 거의 30년 전 이야기입니다. 미술을 전공한 어여쁜 여선생님이 범선이 주일학교 선생님이었는데요. 선생님의 이름은 강순천. 범선이 인생에서 결코 잊지 못할 선생님으로 기억됩니다.

자폐를 치료하는 데는 의학적 치료뿐 아니라 음악치료, 미술치료, 놀이치료, 언어치료 등의 교육적 치료를 병행하는 통합치료가 효과가 높다는 건 익히 알려져 있습니다. 강순천 선생님은 매주 범선이에게 알록달록한 손 그림 편지를 보내주셨습니다. 놀이와 미술과 언어가 고스란히 녹아 있는 강 선생님만의 지도방법이죠. 때로는 우편을 통해, 때로는 직접 가지고 오셨는데요. 재미난 그림이 그려져 있는 강 선생님의 편지를 받으면 범선이는 항상 기분이 좋아졌습니다.

편지 내용을 완전히 이해하기는 어려웠지만, 재미난 그림의 주인공들을 보면서 자연스럽게 그 의미도 습득해 갔습니다. 아이가 좋아하는 방법으로 사물을 인지하는 방법을 가르쳐주신 거지요.

그리고 선생님의 편지에 범선이도 답장을 쓰기 시작했습니다. 한번은 드림랜드에 다녀온 날이었는

데, 범선이가 편지지를 꺼내더니 뭔가를 적습니다.

"선생님, 드림랜드에서 눈썰매 타고, 우주선도 타고, 낙타도 타고, 우동도 먹었어요."

얼마 뒤 어김없이 선생님의 답장이 도착합니다.

"선생님은 드림랜드 아직 못 가봤는데, 범선이는 좋겠구나."

항상 다정하게 호응해 주십니다.

"눈썰매랑 우주선, 낙타도 타고 신났겠다."

기분을 한껏 띄워주시고는, 범선이를 조용히 타이르십니다. 지난주 범선이가 교회에서 말썽을 피웠거든요.

"범선아 교회에서 네가 선생님 손을 꽉 물은 거 생각나니?"

선생님 특유의 방법으로 아이를 달래는 것이죠.

"선생님은 속상했어. 왜냐하면 선생님은 범선이가 참 좋거든. 그런데 너는 선생님이 싫은가 보구나. 아니라구? 선생님 좋아한다구? 그럼 우리 사이좋게 지내자."

편지를 읽은 범선이도 선생님께 답장을 씁니다.

"강순천 선생님 편지를 읽었어요. 선생님 손 안 깨물었어요."

발뺌하면서도 편지지 아래에 선생님 손을 물고 있는 그림을 그립니다. 그림 옆에 '손 아파요'라고 쓴 것을 보면, 선생님 손이 아플까봐 내심 마음이 쓰였는지도 모르겠습니다.

그때의 편지를 아직도 고이 간직하고 있습니다. 세월이 흘러 편지지는 닳아 헤지고 글씨는 뿌옇게 흐려졌지만, 범선이의 기억에서는 날로 새로워집니다. 강 선생님은 범선이가 보낸 답장을 모아두었다가, 범선이가 컸을 때 두고두고 볼 수 있도록 모두 돌려주셨습니다. 그래서 나는 범선이가 보기 쉽게 편지글을 한꺼번에 묶어서 책으로 만들어주었고, 그 책은 범선이가 가장 좋아하는 베스트셀러가 되었습니다.

지금도 범선이는 선생님의 편지들을 읽곤 합니다. 선생님 한 분이 자폐의 틀에 갇힌 범선이를 틀 속에서 나오도록 계기를 만들어주신 겁니다.

_ 천사들의 주치의가 생겼어요

누구든지 아플 때는 병원을 찾습니다. 그런데 우리 아이들이 아플 때 편히 갈수 있는 병원은 많지 않습니다. 충치 치료를 하려면 전신마취를 해야 할 때도 있습니다. CT 촬영을 하려면 수면제를 투여해야 하는 경우도 있고요. 채혈할 때면 전쟁이 벌어집니다. 특히 덩치가 큰 아이들의 경우는 더욱 힘이 듭니다. 그러나 무엇보다 힘든 건, 같은 치료비를 내면서도 주변의 눈치를 보아야 한다는 것입니다. 어떤 병원은 우리 아이들을 꺼리기도 합니다.

오래 전부터 우리 아이들과 그 가족을 위한 병원을 꿈꿔왔습니다. 그 꿈이 드디어 이루어졌습니다. 나와 같이 교회에서 자폐장애인 봉사를 하던 윤수진 선생님이 병원 개업을 결정하신 겁니다.

우리 사단법인에서도 시설비 일부를 도와드렸습니다. 윤수진 선생님은 모든 사회적 약자와 교제하고, 그들에게 도움이 되겠다는 마음 하나로 병원 이름에 본인의 이름을 넣지 않고 '이야기내과'로 이름 지었습니다. 우리 아이들과 가족들의 주치의가 되어주신 겁니다.

이야기내과에서는 우리 아이들이 떼쓰고 울어도 됩니다. 아이들을 위한 진료시간이 이야기처럼 길어도 됩니다. 나도 가끔 호출당합니다. 아이들이 나를 보면 갑자기 얌전해지는 경우가 있기 때문입니다. 내 앞에서는 순순히 주사를 맞기도 합니다. 면허 없는 남자간호사 역할을 하는 겁니다. 좋은 병원 좋은 보수를 마다하시고, 우리 아이들과 가족들을 위한 헌신에 감사드립니다.

천사들의 콘서트

_ 저지르고 후회하고 그리고 감사하고

자폐장애인들이 마음 편히 관람할 수 있는 공연을 보는 게 꿈이었습니다. 자폐의 특성상 자폐성 장애인과 가족들은 공연 관람을 엄두조차 내지 못합니다. 그래서 내가 직접 천사들과 가족 그리고 짝꿍만을 위한 콘서트를 열겠노라고 마음먹었습니다. 밀알천사 콘서트 "그래서 사랑하고 그래도 사랑한다"는 그렇게 시작됐습니다.

막상 공연하기로 결정하고 주변에 알리니, 일을

참 쉽게 잘도 저지른다는 말을 듣습니다. 그렇게 덜컥 저지르고 난 뒤 피 말리는 연습에 들어갔습니다. 공연을 준비하는 동안 참 많이 힘들었고, 무엇보다 혼자 결정하고 추진하는 게 외로웠습니다. 후회도 많이 했습니다. 그렇지만 언제나 그 끝은 감사로 귀결되지요.

마침내 공연이 열리던 날, 하나 둘 천사들이 무대 위에 모습을 드러내는 순간 가슴이 뭉클했습니다. 다들 열심히 갈고 닦은 솜씨를 자랑합니다. 절로 감사의 기도가 흘러나왔습니다.

오랜만에 우리 천사들과 가족들이 마음껏 웃고 박수하며 즐거워하는 모습을 보았습니다. 그 모습을 보니 기쁘면서도 마음 한구석에서는 눈물이 납니다. '천사들과 산다는 것이 얼마나 힘들까?' 이런 작은 것에도 기뻐하고 즐거워하는 모습이 마음속으로 울게 하네요.

콘서트를 준비하는 동안 깊은 잠을 자지 못했습니다. 자다가 새벽 한두 시에 깨면 다시 잠들지 못했으니까요. 이제는 잘 잘 수 있을 것 같습니다.

　그간 나를 참 힘들게 했던 범선이도 오늘은 아침을 혼자 차려 먹더니 다시 자더군요. 아내가 내게 말합니다. 장애의 옷을 입고 사는 게 얼마나 힘들겠냐고….

　그간 물심양면으로 도와주신 여러분, 진심으로 감사드립니다. 부족하지도 넘치지도 않게 채워주시고, 저지르고 후회하면서도 감사하게 만들어주신 하나님, 감사합니다.

감사하게도 두 번째 콘서트를 열었습니다. 한 번에 그치지 않고 천사들의 연주를 또다시 볼 수 있다는 사실만으로도 감격스러웠습니다.

> 할렐루야 우리 하나님을 찬양하는 일이 선함이여 찬송하는 일이 아름답고 마땅하도다 (시 147:1)

콘서트 당일 하나님이 주신 말씀입니다. 한 개인 개인으로 볼 때 우리 아이들은 많이 부족하지요. 그러나 서툴고 부족한 연주에서 오히려 완전한 연주에서는 볼 수 없는, 그리고 느낄 수 없는 감동을 느낄 수 있습니다. 선생님, 가족, 재능기부자가 모두 합력하여 그야말로 선을 이룬 콘서트였습니다.

눈과 귀로 보고 듣는 연주가 아니라 영혼과 마음으로 보고 듣는 연주였습니다. 한 소절 소절마다 숨어 있는 천사들의 눈물과 땀을 마주하고, 선생님들과 가족들의 눈물어린 기도를 느끼면서 함께 울고 때로는 함께 웃는 그런 연주였습니다.

시편의 말씀대로 이번 연주는 하나님을 찬양하는 선하고 아름답고 마땅한 연주였습니다. 하나님이 진정 기뻐하시는 연주였다고 믿습니다. 참석해 주신 모든 분들께 감사드립니다. 그리고 많은 기도 후원에 더 큰 감사를 드립니다.

살얼음판 위에 찾아온 감동

단 하루의 공연이지만, 단 몇 시간의 공연을 위해 천사들은 아주 오랜 시간을 준비했습니다. 당초 한국예술종합원의 재능기부를 받아 연말에 연주회를 열 계획이었는데, 날짜가 임박한 상황에서 갑자기 한국예술종합원 측에서 참여가 어렵다고 통보해 왔습니다. 하는 수 없이 콘서트 자체를 무산시켜야 하나 고민했지만, 결국 날짜를 연기해 다시 시작했습니다.

준비기간 중 주변의 무관심이 가장 힘들었던 것 같습니다. 혼자 준비해야 한다는 외로움 속에서, 내가 왜 이 일을 해야 하는지 의구심이 들곤 했습니다. 리허설마저도 일부 연주자와 재능기부자의 불참, 눈에 띄는 연습부족으로 나 혼자만 발을 동동 굴렀습니다. 우리만의 콘서트를 열 수 없어 관객 동원의 짐마저 져야만 했습니다. 그런데 참 아이러니하게 꼭 올 거라고 생각한 분들은 오지 않고, 기대도 안 한 분들이 와주셨습니다.

공연 당일 리허설에서 범선이는 멋진 실력을 보여주었습니다. 그런데 막상 연주할 때는 완전 코미디를 보여주었습니다. 연주 도중 코를 풀어 입에 넣고 … 리허설 때 보여준 모습은 어디로 사라졌는지…. 한 명 한 명의 연주가 살얼음판 같았지만, 우리의 연주에 눈물 흘리는 분들을 보았습니다. 이번 연주도 주님의 도우심으로 무사히 마쳤습니다. 갈채도 받았고요.

　　부족하고 모자란 자들을 사용하여 영광 받으시는 하나님이심을 다시 깨우쳐주십니다. 항상 저지르고, 후회하며, 감사함으로 마칩니다. 하나님이 하라고 하시면 하겠지만, 다음 콘서트는 자신 없습니다. 주님의 인도하심을 기대해 볼 뿐입니다.

아버지의 다이어리

_ 할머니는 베프

어머니가 초기 치매 증세가 온 듯합니다.
최근의 일을 자주 잊어버리십니다.

요즘 범선이는 시간 개념에 빠진 듯합니다.
일정에 대한 질문을 쉴 새 없이 합니다.

"추도식 언제야?"
"언어공부 언제야?"

"색소폰 쌤 언제와?"
시도 때도 없이 물어봅니다.

어머니와 범선이가 차 뒷좌석에서 대화합니다.
쉴 새 없는 범선이 질문에 나는 왕짜증이 나는데,
어머니는 아무렇지도 않은 듯 대꾸해 주십니다.
범선이의 질문을 곧바로 잊어버리시기 때문입니다.

이만한 베프(best friend)가 어디 있을까요.
웃을 수도 울 수도 없는 모습입니다.
어쩌면 시간이 지나 나이가 들면
쓸 데 없는 것들은 잊고 살아야 하지 않을까요?

_보험 가입식

범선이가 암보험 서류에 서명했습니다.
보통 보험설계사가 보험 가입을 권유하지요.

그런데 범선이가 보험가입을 신청했는데,
자폐장애인은 보험 가입이 안 된다고 합니다.

그래서 보험회사에 따졌지요.
드디어 오늘 자필서명으로 보험에 가입했습니다.

대한민국도 선진국 문턱에 들어갔습니다.
차별 없는 사회가 되길 간절히 바랍니다.

오히려 장애인들에게 보험의 문을 더 열어야 하
는 게 아닌지요?

범선이는 조카가 오면 자리를 피해 줍니다.
그런데 오늘은 조카와 놀아주네요.

내가 손자에게 사준 자동차 백과사전에 있는
자동차 카드에 둘 다 흥미를 느낍니다.

자동차 카드를 자르는 범선이.
조카는 자꾸 새 카드를 내밀지만
범선이는 마다하지 않습니다.

둘이 30년의 나이 차이를 넘어
같이 놀 수 있는 게 참 보기 좋습니다.

윤호가 나이 들어도
오늘처럼 삼촌과 같이 놀며 대화하길 바라봅니다.

어버이날엔 한 가지 소망이 있습니다.
범선이가 아버지 가슴에 꽃을 달아주는 거지요.
올해도 그냥 지나갑니다.

서운함도 있지만 느끼는 게 있습니다.
서른네 살 된 범선이 자체가 꽃이고,
곁에 있어주는 거 자체가 감사하다는 걸….

범선이 편지를 받았습니다.
범선이가 만든 쿠키와 함께….

비록 작업장 선생님들이 불러준 대로 받아쓴 편지지만, 범선이의 마음이 녹아 있다고 생각합니다.

요즘 새벽기도 때마다 눈물을 주체하지 못합니다. 어떤 때는 정말로 발버둥 치며 통곡해 보고 싶을 때도 있습니다. 범선이를 생각하면 왜 이리도 마음이 아리고 쓰라린지….

흔히들 법 없이 살 수 있는 사람을 선한 사람으로 표현하지요. 우리 범선이는 그 정도가 아니라 천사 그 자체라고 생각합니다. 카메라를 들이대면 손으로 V자를 그리며 웃음 짓는 모습은, 세상의 모든 근심 걱정과 추잡함을 벗어버린 모습입니다.

누가 자신을 해코지해도 범선이는 대항하지 않습니다. 남에게 대항하는 것 자체를 모르는 것 같습니다. 그러다가 정 견디지 못하면 자기 손등을 깨뭅니다. 남이 자기를 아프게 하는데 본인은 자기 자신에게 그 아픔을 전하네요.

예수님도 그러셨지요. 아무 죄도 없으신 분이 우리의 죄를 짊어지고 십자가에서 돌아가셨으니까요.

범선이야 말로 진정한 예수님의 자녀인 듯합니다.

범선이 나이 서른을 넘었습니다. 장애가 없었다면 이미 결혼해 귀여운 자식 낳고, 사랑하는 아내와 행복하게 살고 있겠지요. 범선이가 좋아하는 형과 형수처럼.

범선이 머리에서도 어느새 새치가 눈에 띕니다. 해가 바뀔수록 흰 머리카락 수도 늘어납니다. 오늘도 범선이는 작업장에서 쿠키를 만듭니다.

"돈 많이 벌어."

이 말을 반복하며 말입니다. 그 돈을 어디에 쓰는지도, 돈의 용도도 모르면서 말입니다.

범선이야 말로 천사표입니다. 순수하고, 남을 해칠 줄 모르고, 순종하며 살아가는, 그리고 웃고 사는 진정한 천사표입니다.

"아버지가 너한테 배워야겠다. 범선아!"

_ 7번방의 선물

〈7번방의 선물〉이라는 영화를 봤습니다.
범선이와 아내, 어머니, 나 넷이서요.
어머니와 아내는 울었고,
나는 울음을 참았습니다.
범선이는 졸다자다 했습니다.

정신지체 주인공과 범선이의 모습이
겹쳐지기도 합니다.
그래서 남들이 웃을 때
우리 가족은 눈물이 나나 봅니다.

영화 속 주인공의 똑똑한 어린 딸을 보면서
범선이도 결혼해서 그런 아이를 가질 수 있을까?
나 자신에게 질문해 봅니다.

_ 살아있음에 감사

오늘 새벽은 몹시 추웠습니다. 같이 산에 오르던 준형이의 발인예배가 있었습니다. 이 세상에서는 다시 볼 수 없는 곳으로 준형이를 보냈습니다. 그곳은 장애도 없고, 고통도 없고, 남들의 눈총도 없는 곳이랍니다.

준형이는 샤워 중 경기를 일으키며 실신했는데, 욕조에 받아놓은 물에 익사했다고 합니다. 우리 아이들이 정말정말 힘들게 해도, 살아서 곁에 있는 것만으로도 감사하며 살겠다고 기도했습니다.

어제 새벽기도를 마치고 돌아오는 차 안에서 기막힌 뉴스를 들었습니다. 부산의 한 사회복지관에서 19세 된 자폐학생이 두 살배기 아기를 3층에서 던져 숨지게 한 사건입니다. 아기 엄마는 큰아들의 장애상담을 받고 있었고, 자폐학생의 생활보조인이 자리를 비운 사이 순식간에 일어난 비극이었습니다.

우리 천사 중 연수가 어린 아기를 보면 안아서 미

는 습관이 있지요. 윤승수도 얼마 전 동생을 보았습니다. 남의 일 같지가 않습니다.

우리는 매 순간의 삶이 하나님 보호 없이는 살아갈 수가 없습니다. 범선이가 아버지와 같이 작업장 출근하는 게 오늘은 이리도 감사하네요. 힘들어도 때로는 원수 같더라도 옆에 같이 있어준다는 것 자체가 행복이 아닐까요.

나도 범선이의 미운 점보다 예쁜 모습을 찾아보렵니다. 범선이로 인해 은혜받은 것들을 하나하나 짚어보렵니다.

_ 영화 <국제시장> 관람기

2015년 첫날 범선이와 영화 <국제시장>을 관람했습니다. 인생살이 힘든 건 다 마찬가지인 듯, 범선이와 함께 살아온 내 인생과 겹치면서 울고 웃고 했습니다.

영화대사 중 두 군데가 마음에 와 닿습니다.

첫째는 "이젠 당신도 당신 인생을 살아야 해요."라는 대사입니다. 돈 벌러 월남 근무를 떠나려는 주인공에게 부인이 하는 말입니다. 내 친구들도 이야기하곤 합니다.

"너도 범선이한테만 너무 붙잡혀 살지 말고 네 인생을 살아봐."

지금까지 내 인생과 범선이의 삶은 하나였지요. 그래도 후회는 없습니다. 천국 갈 때까지 이렇게 살겁니다.

둘째는 "이만하면 잘한 거지요? 그런데 무지무지 힘들었어요."라는 대사입니다. 온 식구들이 거실에서 웃고 떠들며 즐거운 시간을 보낼 때, 노년이 된 주인공이 자신의 방에서 홀로 울면서 돌아가신 아버지께 드리는 독백입니다.

나도 이만하면 범선이 잘 키운 거지요. 그런데 나도 때로는 무지무지 힘들었어요. 훗날 천국 가서 예수님 앞에서 같은 고백을 할 겁니다.

누가 그러더군요. 범선이도 먼 훗날 예수님 앞에 섰을 때 "저도 이만하면 잘 자랐지요? 그런데 아버지 때문에 무지무지 힘들었어요. 매주 토요일마다 산에 데려가시고, 내 마음대로 놀지 못하게 하셨으니까요." 하고 고백할 거랍니다.

_ 일하는 즐거움

휴일 전날이면 범선이가 반복해서 하는 말이 있습니다.

"내일 래그랜느 가야지."

아침에도 8시 20분이면 빨리 래그랜느 가자고 합니다. 자폐장애 특성상 빼먹지 않으려는 습관적 행동이라 할 수도 있지만, 일의 즐거움은 분명히 있다고 생각합니다.

범선이 외에 다른 직원들도 일에 대한 관심과 흥미가 매우 높습니다. 일에 열중할 때면 장애를 다 벗어버린 듯 보입니다.

　나도 일에 치이고 일이 잘 풀리지 않을 때면 래그랜느에 갑니다. 우리 직원들이 일하는 모습을 보면 모든 게 다 풀어지는 것 같습니다. 그래서 우리 아이들에게 일은 꼭 필요하고 일할 수 있는 일터는 계속 생겨야 합니다.

　일과 더불어 먹는 즐거움도 크지요. 우리 직원들은 대청역 근처에 있는 강남우체국 구내식당을 자주 이용합니다. 식당 직원분들도 친절하고, 국과 반찬도 네 가지나 나오는 정갈하고 맛있는 식사입니다.

　게다가 우리 아이들이 줄서서 배식받고, 먹은 잔반 처리 등의 새로운 질서도 배울 수 있습니다. 덤으로 왕복 40분 정도 걸어서 다니므로 운동까지 되니 일석삼조인 셈입니다.

아주 특별한 사람들이 래그랜느를 찾았습니다. 바로 군복무 중인 연예사병들인데요. 장애인의 날을 즈음하여 우리 직원들과 작업장 체험을 하며, 현재 복무중인 젊은 병사들에게 홍보하기 위함이지요.

유명가수이자 인기배우인 한류스타가 왔는데도 우리 직원들은 눈길 한 번 주지 않습니다. 그뿐 아닙니다. 남범선 대리는 연예사병이 만든 쿠키를 모두

걷어냅니다. 남 대리가 보기에 제대로 만들지 못했으니까요. 몇 번을 시도한 끝에 걷어내지 않으니 환호를 하더군요.

"와! 합격했다!!"

_ 33년 광야생활

범선이는 1982년 8월 4일생입니다. 오늘로 서른 네 살이 되었습니다. 오늘 아침에 범선이가 만든 케이크로 생일파티를 했지요.

얼마 전 읽은 이진희 목사님의 『광야를 걷다』라는 책과 지난 주일 설교말씀이 묵상됩니다. 모세가 애굽의 왕자로 살다가 살인자가 되어 광야에서 40년을 양치기로 지낸 세월은, 모세에게 눈물과 고난의 시간이었습니다. 그러나 그 시간은 자기 백성을 가나안으로 인도해내기 위해 광야의 구석구석을 알기 위한, 길잡이로서 훈련의 시간이었습니다.

33년 전 자폐성 장애를 가진 범선이를 이 세상에 보내신 이유는, 범선이 같은 아픔과 어려움을 가진 다른 천사들의 길잡이로 쓰시기 위해 선택하여 보내신 게 아닌가 하는 생각이 듭니다. 그래서 20년간 산에 오르게 하셨고, 천사들이 일할 일터를 만들게 하셨으며, 주님께 드릴 찬양을 위한 악기를 준비해 주셨습니다.

모세가 40년의 광야생활로 그친 게 아니라 가나안 입성까지 다시 40년을 광야에서 길잡이로 지냈듯이, 범선이도 가나안에 우리의 축복의 땅이 허락될 때까지 다른 천사들의 길잡이가 될 수 있기를 범선이 생일에 간절히 기도합니다.

이런 작업장, 우리 아이들이 일할 수 있는 작업장을 더 만들겠습니다.
열심히 노력할 겁니다.
기쁨으로 단을 가지고 돌아오도록 만들겠습니다.
오늘도 작업장에 와서 도와주는 친구들,
정말 고맙고 감사합니다. 하나님 감사합니다.

4부 _ 세상밖으로

대한민국 자폐 독립기

_ 장애인들이 일하는 나라

국민의 4대 의무와 5대 권리를 어릴 적 열심히 암기한 기억이 납니다. 국민의 4대 의무는 국방의 의무, 교육의 의무, 납세의 의무, 근로의 의무지요. 5대 권리는 평등권, 자유권, 청구권, 참정권, 사회권입니다. 그중에서 사회권은 인간답게 생활할 권리로 근로권, 교육권, 환경권 등이 포함됩니다. 따라서 교육과 근로는 국민의 의무이자 권리인 셈입니다.

자폐장애인인 우리 아이들은 교육에 대한 의무와

권리를 행하고 있다고 볼 수 있겠지요. 그렇다면 근로에 대한 의무와 권리는 어떻게 되나요?

실제로 우리 아이들에게 살아가면서 제일 필요한 것이 근로, 즉 일할 기회를 만들어주는 게 아닌가요? 나는 범선이가 고등학교 과정을 마치기 전부터 이 문제의 해결책을 찾기 위해 부단히 노력해 왔습니다.

우여곡절을 겪으면서 지난 2005년 밀알재단의 이름을 빌려, 3년간 남서울은혜교회 5층에서 수제 비누를 만드는 밀알 보호작업장을 만들어 운영했습니다. 남들이 불가능하다고 했지만 자폐, 정신지체 장애우로 구성된 작업장은 모든 직원이 행복을 느끼는 작업장, 정부 보조에 의지하지 않고 자립하고 자본을 축적한 작업장으로 커왔습니다.

장애인에 대한 사회적 인식이 과거에 비해 개선되고, 장애인 인권과 복지에 관한 논의도 활발해지고 있다지만, 대한민국에서 장애인으로 산다는 건 매우 힘든 일입니다. 아직도 이 땅의 많은 장애인들이 편견과 무관심에 맞서 싸우고 있습니다.

일하고 싶어도 취업의 문턱은 까마득하게 높기만 합니다. 특히 자폐장애인들에게 일자리 구하기는 하늘의 별따기만큼 어려운 일입니다. 감사하게도 범선이는 대한민국에서 일하는 장애인으로 잘 적응해 가고 있습니다.

_홀로서기 제2막

그러나 여기 머물지 않고 일의 질을 향상시켜야 합니다. 새로운 작업장이 계속 생겨야겠지요. 2009년 금융위기 이후 청년 실업율이 10퍼센트를 넘어선 상황에서, 장애를 가진 우리 아이들의 일할 기회는 점점 더 줄어들고 있습니다. 그래서 내가 직접 나서서 해보자고 마음먹었습니다.

복지재단을 만들어 보호작업장을 세워보려고 했습니다. 그런데 개인이 복지재단을 만드는 것은 현실적으로 불가능하더군요. 그래서 개인 자격으로 새 일을 시작하기로 했습니다. 곳곳에 암초들이 있었지만 다행히 첫 삽을 뜰 수 있었고, 마침내 새로운 회사를 설립했습니다.

많은 사람들이 무모한 계획이라고 말렸습니다. 그러나 나는 믿습니다. 하나님이 잘 운영해 주실 거라고 말입니다. 하나님이 허락하신다면 앞으로도 두 개의 회사를 더 만들고 싶습니다. 바로 제품조립 생산공장과 농장에서 생산한 제품을 가공하는 공장입니다. 물론 농장도 같이 운영해야겠지요.

하나님께서 꿈으로만 두지 않으시리라 확신합니다. 하나님의 때에 현실로 만들어주실 줄 믿습니다.

_ 오랜 고뇌의 산물, 래그랜느

래그랜느가 문을 열었습니다. 새로 설립한 회사의 이름이 바로 '래그랜느'(LES GRAINES)입니다. 불어로 '씨앗들'이라는 뜻입니다.

오래 전부터 작업장을 구상하면서 밀알의 영어 표현인 'SEEDS'를 상호로 생각했습니다. 그런데 'SEEDS'를 한글로 표시하면 '씨드스'가 되어 발음이 부드럽지 않더군요. 그래서 불어 표현인 '래그랜느'로 상호를 만들었습니다. 사회적 기업인 래그랜느는 자폐장애인들에게 일자리를 제공해 꿈과 희망을 심어 주겠다는 오랜 구상과 고뇌의 산물입니다.

래그랜느는 수제쿠키와 빵을 만드는 곳으로, 두 개 부문으로 나뉘어 있습니다. 약 40평 규모의 작업장에는 제과제빵 기술자들의 지도를 받아 우리 아이들이 직접 수제쿠키와 빵을 만들고, 같은 규모의 옆 공간은 카페로 운영하고 있습니다. 전문 바리스타가 상주해 갓 만든 쿠키와 커피를 판매하고 있지요. 우리 아이들이 제조뿐 아니라 서비스도 할 수 있도록 가르치고 훈련할 것입니다.

래그랜느 개업예배 때 목사님이 주신 말씀입니다.

눈물을 흘리며 씨를 뿌리는 자는 기쁨으로 거두리

로다 울며 씨를 뿌리러 나가는 자는 반드시 기쁨으로 그 곡식 단을 가지고 돌아오리로다 (시 126:5-6)

래그랜느를 만드느라 적지 않은 자금이 들었습니다. 하나님이 도우셔서 이 회사가 크게 발전한다 해도, 나는 개인적으로 단 1원도 쓰지 않을 것입니다. 이런 작업장, 우리 아이들이 일할 수 있는 작업장을 더 만들겠습니다. 열심히 노력할 겁니다. 기쁨으로 단을 가지고 돌아오도록 만들겠습니다.

래그랜느가 세워지기까지 열심히 기도해 주신 많은 밀알식구들, 오늘도 작업장에 와서 도와주는 친구들, 정말 고맙고 감사합니다. 하나님 감사합니다.

고집 세고 아둔한 내게 주님은 특별한 방법으로 갈 길을 제시하시는 것 같습니다. 저지르고, 후회하고, 결국에는 감사하게 만드시니까요.

5년 전 래그랜느가 세워졌을 때, 많은 사람들이 무모하다며 얼마나 버티겠냐고 했습니다. 그러나 지금의 래그랜느는 많은 천사들과 가족들이 선망하는 일터요, 희망의 일터가 되었다고 자부합니다. 동시에 앞으로 우리가 나아갈 방향을 제시했다고 생각합니다.

지금까지 걸어온 래그랜느의 발자취에 만족하거나 머무르지 않을 것입니다. 향후 10년, 20년, 30년, 그 너머까지 바라보며 나아갈 것입니다.

내 나이 60대 중반에 들어서지만, 갈렙처럼 80세에 하나님께 새 땅을 달라고 대담하게 외치는 자로 남고 싶습니다. 제2, 제3의 래그랜느가 생겨나 아이들 능력에 맞게 원하는 아이들은 모두 취업을 시키고 싶습니다. 결국에는 부모 없이도 스스로 일하면서 살아갈 수 있는 삶의 터전을 만들고 싶습니다.

내가 다시금 저지르고, 후회하며, 감사하게 해주시길 하나님께 간절히 기도드립니다.

_ 좋은 일은 누구나 도와주는 줄 알았어요

작업장을 준비하면서 참 순진한 마음을 가졌었지요. 장애인을 위한 작업장을 만들면 누구나 도와줄 줄 알았습니다. 그런데 처음 관계 기관을 찾았을 때 순진한 마음은 산산조각이 났습니다. 처음부터 완벽한 준비를 할 수는 없지만 '이렇게 하면 됩니다'가 아닌, '이런 조항 때문에 안 됩니다.' '왜 이런 일을 하려는 겁니까?' 하며 초기부터 일할 의욕을 꺾어버리는 겁니다.

우여곡절 끝에 천연비누를 제조하는 밀알작업장을 처음 세웠었지요. 그 후 쿠키공장인 래그랜느를 세우는데도 규제를 벗어날 길이 없었습니다. 지하에는 자폐장애인 작업장을 허가할 수 없다고 해서, 아예 내가 운영하는 무역회사에서 99퍼센트를 투자한 일반 주식회사를 만들고, 그 당시 고용촉진을 위해 정부 주도의 사회적 기업에 가입했습니다. 그렇게 해서 2년 동안 일부 장애직원과 교육인원에 대한 인건비 지원을 받을 수 있었습니다.

범선이는 설립자 아들이라 지원 대상에서 제외된다는 사실도 처음 알았지요. 장애직원에게 불합리한 행동을 한 직원을 부득이하게 해고했는데, 정리해고를 하면 다음 채용자는 인건비 지원이 안 된다는 이상한 조항이 있음도 알게 되었습니다. 아무리 설명하고 이해를 구해도 받아들여지지 않았습니다.

사회적 기업 재심사 때는 내가 운영하는 무역회사가 99퍼센트의 주식을 갖고 있는 구조라 민주적 의사결정이 안 된다고 합니다. 누구든지 투자할 사람이 있으면 주식 전부라도 양도하겠다고 했지요. 적자나는 장애인 기업에 투자할 사람은 아마 없을 겁니다. 결국은 재심사에 탈락하고, 모든 비용을 자체 조달하면서 1년 동안 재수한 후 다시 노동부 사회적 기업에 재등록되었지요.

래그랜느 제품을 팔러 다녀봤습니다. 마트에서 사는 제품보다 비싸다고 합니다. 우리 제품은 기계가 아닌 수제품이라고 했지요. 그런데 장애인이 만든 것이니 싸야 한다고 하네요. 제품의 크기가 일정치 않고 제품마다 중량이 차이가 난다고 합니다. 손으로 만들어서 그렇다고 해도 안 된답니다.

해외출장 시 장애인이 만든 제품을 자랑하던 거래선이 있었습니다. 비록 제품이 정상제품에 미치지 못하고 가격도 싸지 않았지만, 즐거운 마음으로 사서 자랑하며 사용하는 모습을 보며 참 부러웠습니다.

그 외에도 어려운 일이 많았습니다. 앞으로 더 많은 어려움이 닥칠지도 모릅니다. 창업 후 3년 내 폐업율이 70퍼센트가 넘는다고 합니다. 래그랜느는 5년이 지났습니다. 장수하는 기업이 되어야겠지요.

많은 어려움이 있었지만 진심으로 도와주는 분들

도 많았습니다. 무엇보다 주님의 선하고 의로운 인도
하심이 있기에 가능했으리라 믿습니다. 앞으로도 주
님만 바라봅니다.

_황당한 규제

지난해 청와대에서 규제개혁 토론회가 TV로 생
중계 된 적이 있습니다. 장장 7시간에 걸친 끝장토론
이었는데요. 대통령도 직접 발 벗고 나섰지요. 규제
를 '암덩어리'로 표현하면서 경제성장을 가로막는 주
범으로 지목했고, 또 중소기업을 살리기 위해서는 손
톱 밑의 가시 같은 존재인 규제를 뿌리 뽑아야 한다
고 역설했습니다. 규제개혁 토론회가 끝난 후, 실제
로 규제를 풀어달라는 민원이 봇물을 이루었다고 합
니다.

우리 사회는 생각보다 많은 규제로 가로막혀 있
습니다. 얼토당토않은 규제들이지요. 게다가 보이는

규제보다 보이지 않는 규제가 많습니다. 장애인작업장을 열면서 직접 부딪혀본 실화가 무수히 많습니다. 물론 규제가 꼭 나쁜 것은 아닙니다. 반드시 필요한 규제도 있지요. 그러나 상당수의 규제가 불필요하고 비합리적입니다. 바로 '장애인 편의시설'이 그렇습니다.

장애인 편의시설이라 함은 '장애인, 노인, 임산부 등의 편의증진보장에 관한 법률'(시행규칙 제2조 1항)에 따라 규정된 시설입니다. 승강기, 리프트, 시각장애인용 점자블록 등의 유도 · 안내 설비를 필수적으로 갖추도록 의무화하고 있는 것이지요. 즉, 장애의 종류를 구분하지 않고 획일적인 조건을 적용하는 것입니다.

그런데 자폐성 장애의 경우 등산이 가능할 정도로 거동에는 지장이 없는데도, 장애인 승강기나 리프트는 물론 점자블록 같은 시각장애인 유도설비까지 의무적으로 갖추어야 하는 것입니다.

실제로 자폐장애인 작업장을 만들 때, 굳이 '지체

장애인'을 위한 화장실 공사를 해야 했고, '시각장애
인'을 위한 점자시설을 만들어야 했습니다. 생산시설
을 만드는 데 사용할 자금을 사용하지도 않을 시설을
만드는 데 써야만 했습니다.

구청에 가서 자폐성 장애인을 위한 편의시설이나
작업장을 세우겠다고 하면, 담당공무원이 난색을 표
합니다. 래그랜느를 설립할 때, 처음에는 4층 건물 지
하에 자폐성 장애인 표준사업장 설립을 원했습니다.
그런데 시설 규정에 맞지 않는다면서 퇴짜를 맞은 게
한두 번이 아닙니다. 이런 황당한 규제들은 반드시
없애야 합니다.

_ 직업이라는 이름의 치료

나는 '직업치료'라는 단어를 사용하곤 합니다. 우
리 아이들은 어려서부터 음악치료, 미술치료, 언어치
료, 인지치료 등 많은 치료를 받습니다. 내가 범선이

를 키우면서 경험하고 느낀 것은, 학교를 졸업하고 나면 이런 치료들이 실생활에 크게 도움이 되지 않는다는 것입니다.

범선이 경우는 직업을 갖고 일하기 시작하면서 현저하게 좋아졌습니다. 그래서 이번 방학부터 고등학교에 들어갈 연령의 일부 천사들을 대상으로 직업훈련을 추진했지요. 일부 부모님들은 이 교육을 특별활동 정도로 생각하시는 것 같습니다. 이런 교육은 특별활동이라기보다는 생존을 위한 '생존활동'이라고 표현해야 맞을 듯합니다. 앞으로 살아가는 데 꼭 필요한 거니까요.

지난 목요일 천사 세 명이 교육을 받았습니다. 나는 해외출장이라 참관하지 못했는데, 내 우려가 현실로 나타났습니다. 학교나 별도 과정에서 배운 것이 현실에 전혀 적용되지 않는 현상이지요. 포장지 접는 것도 안 된다고 하니까요. 이것이 바로 직업교육이 꼭 필요한 이유입니다.

하루에 6시간 이상을 앉아 작업한다는 게 우리

아이들에겐 쉬운 일이 아닙니다. 학교를 졸업하고도 계속 치료과정을 밟을 수는 없겠지요. 사단법인 밀알천사에서는 1인당 1회 만 원씩 교육비를 래그랜느에 지불하고 있습니다. 앞으로 밀알천사의 목표가 학교를 졸업한 많은 아이들에게 일자리와 기회를 만들어주는 거니까요.

래그랜느에서는 누구 할 것 없이 서로 도와가며 일합니다. 옆 친구가 미숙하면 도와줍니다. 자신의 일보다 먼저 도와줍니다.

출근하면 성경쓰기로 하루를 준비하고, 시키지 않아도 스스로 일을 찾아 합니다. 오히려 일이 없으면 불안해하기도 하지요. 점심식사 후에는 서로 손잡고 산책을 합니다. 일반인을 넘어선 성실함과 근면함이 있습니다. 우리 직원들을 보면서 많은 것을 배웁니다. 오히려 배워야 할 것이 많은 것 같습니다.

자폐장애인 작업장을 운영한 지도 10년이 지났습니다. 하면 할수록 부족함과 어려움을 느낍니다. 그리고 새로운 작업장에 대한 욕심은 한없이 생겨납니다. 하나님, 이런 욕심은 죄가 아니지요? 나는 나름대로 운영 철칙이 있습니다.

첫째, 장애인이 주 작업자가 되어야 합니다. 대개 장애인 작업장은 일반인이 주 작업자이고, 장애인들은 보조역할만 하는 게 현실입니다.

둘째, 일이 없어 쉬는 시간이 많은 작업장이 되어서는 안 됩니다. 주 생산품목과 더불어 다른 제품도 생산할 환경이 되었으면 합니다. 그래서 생각해 본 게 제품생산과 농사의 병행입니다.

셋째, 우리 아이들이 나이가 들어도 홀로 살아갈 수

있는 터전이 마련되어야 합니다. 작업장과 함께 편안한 안식처도 마련할 생각입니다.

꿈을 꾸어봅니다. 서울 근교에 3천 평 정도의 땅이 있으면 좋겠습니다. 그 안에 제조공장이 있습니다. 더불어 우리 아이들이 사는 그룹홈도 지어야지요. 남은 땅에는 농사를 짓습니다. 우리 아이들이 1차 상품으로 판매하기는 힘들겠지요. 가공식품을 만들 농사를 짓고 싶습니다.

공장에서 일하다 일거리가 없으면 농사를 짓고, 그 수확으로 간장, 된장, 효소, 쩜 등 2차 가공식품을 만듭니다. 우리가 있는 곳은 다른 장애우들의 체험실습장이 되겠지요. 여기 와서 일을 익히고 다른 곳에 취업하거나, 서너 명의 가족이 다른 공동체를 만들수 있는 기회를 제공해 줄 장소가 되면 좋겠습니다.

꿈은 이루어진다고 했습니다. 내가 혼자 할 수는 없겠지요. 하나님의 선하시고 의로우신 손길과 인도하심을 기대해 봅니다.

범선이는 성장 중

_ 범선이의 에덴동산

범선이는 고등학교 3학년이던 2001년부터 직장 생활을 시작했습니다. 적은 금액이지만 받은 봉급을 모두 저축했습니다. 범선이의 의식주 비용은 부모가 부담했으니까요.

작은 시냇물이 모여 바다가 되듯, 작은 돈이 쌓이고 쌓여 목돈이 생겼습니다. 이 돈으로 범선이를 위해 뭔가 마련해 주고 싶었습니다. 그래서 포천에 농장부지를 구입해 주었지요. 범선이 명의로 구입했습

니다. 세무소에 자금 출처도 완벽하게 제시할 수가
있었습니다.

범선이가 나이 들면 땅과 같이 살기를 꿈꿔봅
니다. 땅은 정직하니까요. 시간이 나는 대로 범선이
와 같이 농사를 배워보려 합니다. 사시사철 아름다운
꽃이 피고, 땀 흘린 만큼 수확해 이웃과 나누며 살 수
있기를 꿈꿔봅니다. 에덴동산을 꿈꾸는 거지요. 꿈은
이루어질 겁니다. 하나님께서 꼭 우리의 꿈을 이루어
주실 줄 믿습니다.

_ 초보농사 입문기

지난 주일 예배를 마치고 가족농장이 있는 포천
으로 향했습니다. 농협에 들려 농사도구인 쇠스랑,
괭이 그리고 비료 열 부대를 샀지요. 쇠스랑으로 밭
을 일구었습니다. 네 고랑이나 밭을 일구고, 돌도 많
이 골라냈습니다. 범선이는 20킬로그램짜리 비료 열

부대를 날라 밭에 뿌리고 괭이로 덮어주었습니다.

나도 처음 해보는 농사 준비였는데, 범선이가 잘 따라주었습니다. 농사가 무척 힘들더군요. 농사짓는 분들의 마음을 조금이나마 알 듯합니다. 다음 주에는 씨를 뿌릴 겁니다. 땀 흘리는 보람을 범선이가 알길 바라면서….

_ 2년차 농군 변신

범선이가 혼자서 밭을 일구었습니다. 주일에 온 식구가 범선이 집으로 향했습니다. 어머니를 모시고 며느리와 손자까지 4대가 간 겁니다. 86세 되신 어머니께서 밭에 비닐 덮는 일을 도와주셨습니다. 비닐

위에 가르쳐준 대로 범선이가 감자를 심었습니다.

감자 두 고랑을 심고, 파, 상추, 쌈 채소 묘종을 두 고랑 심었습니다. 삐뚤빼뚤 심어도 범선이가 심었다는 데 큰 의미가 있지요. 올해 풍성한 수확을 기대해 봅니다.

손자 윤호는 밭 옆에서 장난감 덤프트럭에 흙을 담아 끌고 다니며 농사놀이를 즐깁니다. 깜짝 꽃샘추위 속에 바람도 거세게 불었지만, 4대가 모두 농군이 된 하루였지요. 범선이는 이제 2년차 농군이 된 겁니다.

4일간 중국 출장을 갔다가 밤늦게 귀국해 많이 피곤했습니다. 피로가 겹쳐서인지 오히려 잠을 거의 못 자고, 주일 7시 예배를 드린 후 포천으로 향했습니다.

지난 주 비료 뿌린 땅을 뒤집는 작업을 했지요. 범선이에게 괭이를 쥐어주고 땅을 뒤엎게 했는데 곧잘 따라합니다. 범선이가 일차로 뒤엎은 땅을 내가 삽으로 다시 뒤엎고, 쇠스랑으로 돌을 고르고 이랑을 만듭니다.

점심식사 후 이랑에 비닐을 덮고 감자를 파종합니다. 아내가 흙을 파면, 범선이가 씨감자를 넣고, 내가 흙을 덮습니다. 반나절 동안 감자 두 고랑, 돼지감자 한 고랑 그리고 열무 한 고랑을 파종했습니다. 범선이가 이젠 한몫을 합니다. 열심히 땀 흘려 씨를 뿌렸으니 좋은 수확이 있을 줄 믿습니다.

올해는 범선이도 많이 좋아졌으면 하는 소망의

씨앗도 같이 뿌려봅니다. 범선이 집에도 아름다운 봄 꽃이 꽃망울을 터뜨립니다. 긴 겨울은 이제 물러가나 봅니다. 우리 아이들에게도 봄이 찾아오고 꽃망울이 터졌으면 하는 소망을 가져봅니다.

더위가 기승을 부리는 주일, 오후예배를 마치고 포천으로 향했습니다. 지난주에는 가족 휴가를 다녀오느라 포천에 들르지 못했습니다. 예상대로 밭은 완전 풀밭으로 변해 풀과 채소를 구분하기도 힘든 지경이었습니다.

더위를 피해 저녁 무렵 일을 시작했습니다. 바로 감자 수확부터 들어갔습니다. 올해는 가뭄 때문인지 감자가 씨알도 작고 수확량도 작년만 못합니다. 범선이는 더운 날씨에도 열심히 감자를 캤습니다.

아내가 밭으로 점심을 내왔네요. 밭에서 딴 고추와 오이, 호박을 넣은 해물찌개 … 완전 무공해 건강식이지요. 감자 수확을 마친 후 범선이는 집으로 들어가고, 나는 밭에서 잡초와 싸움을 벌였지요.

밭 정리를 어느 정도 마치고 정원에서 잔디를 깎는데, 범선이가 미안한지 잠시 거들다가 다시 도망갑니다. 그래도 오늘은 많은 일을 한 거지요.

일을 마치니 시원한 소낙비가 더위를 식혀줍니다. 오랜만의 긴 노동에 온몸이 뻐근하지만 기분은 상쾌합니다.

_ 아버지가 쓴 남 대리의 일기

나는 래그랜느 생산부에서 일하는 남범선 대리입니다. 5월 1일은 근로자의 날이고, 나도 엄연히 근로자라서 오늘 하루를 쉬지요. 그런데 아버지께서 새벽 일찍 포천에 가자고 하십니다. 어머니는 몸이 안 좋아 집에 계시기로 했지요.

종일 농사를 지었습니다. 고추, 가지, 오이, 호박, 토마토와 대파 묘종도 분명히 샀지요. 그런데 아버지가 대파 심을 밭을 일구시는 동안 대파 묘종이 감쪽

같이 사라진 겁니다. 아버지는 내가 일하기 싫어 몰래 버렸다고 하시는데, 나는 버린 기억은 없지만 오늘 일이 힘들긴 했습니다. 근로자의 날은 근로자가 쉬어야 하는 날 아닌가요?

전에 아버지 친구가 노는 날 일 시키면 근로기준법 위반으로 고발하라 하셨는데, 아버지를 고발할 수는 없겠지요. 아버지는 일하시는 중에도 봄꽃에 취해 계셨는데, 밤이 되어도 달빛에 어우러진 봄꽃에 취해 계속 밖에만 계시네요.

나는 꽃이 좋은지 달빛이 좋은지 이 나이가 되도록 잘 알지 못합니다. 아버지가 말씀하셨지요. 자연의 아름다움을 느낄 수 있다면 내 자폐증 증세도 좋아지는 거라고…. 아버지처럼 봄꽃과 달빛에 취해 보고 싶어요.

연휴에는 아버지랑 같이 있는 시간이 많습니다. 아버지는 내가 혼자 방에서 긴 시간 컴퓨터 하거나 누워서 쉬는 게 싫으신가 봐요. 그래서 쉬는 날이면 어디라도 데리고 나가시지요. 경치 좋은 곳에서는 사진을 찍어 주시곤 합니다.

전에는 사진 찍는다고 미리 하나 둘 셋을 세곤 하셨는데, 내가 매번 같은 자세를 취하니까 이젠 몰래 찍곤 하십니다. 나 혼자 찍은 사진을 보고 어떤 분이 쓸쓸해 보인다고 하시네요. 나도 빨리 여자친구가 생겨 같이 사진도 찍고 결혼도 하고 싶어요.

내 사진만 찍으시던 아버지께서 같이 사진 찍자고 하시네요. 이런 걸 셀카질이라 하나요. 그래도 웃으며 같이 찍은 모습은 쓸쓸해 보이지 않네요.

방은겸 화백의 그림 〈아버지와 아들〉

사회적 기업 **래그랜느** LES GRAINES
BAKERY CAFE

쿠키 & 브레드 Cafe

'래그랜느'는 프랑스어로 '밀알'을 의미합니다.
래그랜느가 하나의 씨앗이 되어 장애인들이 자립할 수 있는 공간이
여러 곳 생겨나기를 바라는 마음을 담았습니다.
래그랜느는 자폐성 장애인들이 주 근무자로 근무하며
수제쿠키와 빵을 생산하는 전문기업으로서,
제과제빵 기술자의 감독 하에 100% 핸드메이드로 생산하고 있습니다.

래그랜느 FACTORY

세상에 건전한 먹거리를 만들겠다는 신념으로 좋은 재료를 사용하여
100% 수제쿠키를 만들고 있습니다. (모든 제품 전화 구매 가능)

래그랜느 CAFE

향긋한 커피와 함께 래그랜느의 쿠키와 빵을 즐길 수 있는
따뜻한 공간입니다. (평일 AM 9:00~ PM 8:00)

래그랜느 착한회원

래그랜느 착한회원으로 가입하면 원하는 날짜에 쿠키와 빵을 받으실 수 있습니다.
(3만 원, 5만 원, 10만 원 중 선택하여 약정 가입)
회원님이 보내주시는 관심과 사랑은 장애인들이 자립할 수 있는 기반이 됩니다.

• **문의전화** _ 02-445-0918~0919
• **홈페이지 주문** _ http://www.lesgraines.org/
• **주소** _ 서울시 강남구 일원동 644-2 조이빌딩 지하1층
• **계좌번호** _ 우리은행 1006-101-334897, 예금주 (주)래그랜느

MIRAL 1004

산을 오르는 아이들

초판 1쇄 발행   2015년 11월 13일
초판 2쇄 발행   2015년 12월 15일

지은이   남기철 외

펴낸이   정형철
펴낸곳   아가페북스
등록   제321-2011-000197호
등록일   2011년 10월 14일
편집장   이수진
기획편집   방재경
편집   강수진
디자인   투에스

주소   (06698) 서울시 서초구 효령로8길 5 (방배동)
전화   584-4835(본사) 522-5148(편집부)
팩스   586-3078(본사) 586-3088(편집부)
홈페이지   www.iagape.co.kr
판권   ⓒ (주)아가페출판사 2015
ISBN   978-89-97713-60-8 (03230)

이 도서의 국립중앙도서관 출판시도서목록(CIP)은
서지정보유통지원시스템 홈페이지(http://seoji.nl.go.kr)와
국가자료공동목록시스템(http://www.nl.go.kr/kolisnet)에서
이용하실 수 있습니다.
(CIP제어번호: CIP2015029050)

아가페북스는 (주)아가페출판사의 단행본 전문브랜드입니다.

아가페 출판사